ACHMATOWA · POEM OHNE HELD

Universal Bibliothek

BELLETRISTIK

Anna Achmatowa

POEM OHNE HELD

Poeme und Gedichte

russisch und deutsch

1988

Verlag Philipp Reclam jun. Leipzig

Aus dem Russischen
Nachdichtung von Heinz Czechowski, Uwe Grüning, Rainer Kirsch und Sarah Kirsch
Interlinearübersetzung von Oskar Törne
Übersetzung der Prosatexte von Fritz Mierau, Werner Rode und Eckhard Thiele
Herausgegeben von Fritz Mierau

ISBN 3-379-00296-8

Reclams Universal-Bibliothek Band 795
4. Auflage
Umschlaggestaltung: Friederike Pondelik unter Verwendung von Amedeo Modiglianis „Portrait de Margueritte“, 1917–1918
Farbaufnahme: Gerhard Reinhold, VBK/DDR, Leipzig-Mölkau
Lizenz Nr. 363. 340/47/88 · LSV 7205 · 15,5 Vbg.
Printed in the German Democratic Republic
Grafischer Großbetrieb Völkerfreundschaft Dresden
Gesetzt aus Garamond-Antiqua
Bestellnummer: 660 884 7
00250

GEDICHTE UND POEME

Одни глядятся в ласковые взоры,
Другие пьют до солнечных лучей,
А я всю ночь веду переговоры
С неукротимой совестью своей.

Я говорю: «Твое несу я бремя
Тяжелое, ты знаешь, сколько лет».
Но для нее не существует время,
И для нее пространства в мире нет.

И снова черный масленичный вечер,
Зловещий парк, неспешный бег коня
И полный счастья и веселья ветер,
С небесных круч слетевший на меня.

А надо мной спокойный и двурогий
Стоит свидетель. . . о, туда, туда,
По древней подкапризовой дороге,
Где лебеди и мертвая вода.

3 ноября 1935
Фонтанный Дом

Die einen spiegeln sich in einem Blick,
Die andern trinken bis zum Morgengrauen,
Doch ich bespreche mich die ganze Nacht
Mit meinem nicht bezähmbaren Gewissen.

Ich sage: „Deine schwere Bürde trag,
Du weißt es, ich wieviele Jahre.“
Für das Gewissen gibt es keine Zeit.
Für das Gewissen gibt es keine Räume.

Und wieder jene schwarze Faschingsnacht.
Der düstre Park. Des Pferdes sanfter Trab.
Und steil vom Himmel kam ein Wind, von Glück
Und Fröhlichkeit erfüllt, auf mich herab.

Doch über mir, sehr still und zweigehörnt,
Der Zeuge . . . O dorthin, dorthin
Auf jenem alten Weg durch die Caprice,
Zum toten Wasser, wo die Schwäne ziehn.

3. November 1935
*Fontanny dom**

* Ehem. Palais Scheremetjew, an der Fontanka in Leningrad gelegen. Vgl. Anmerkung zum „Poem ohne Held“.

ПОЭТ

Он, сам себя сравнивший с конским глазом,
Косится, смотрит, видит, узнает,
И вот уже расплавленным алмазом
Сияют лужи, изнывает лед.

В лиловой мгле покоятся задворки,
Платформы, бревна, листья, облака.
Свист паровоза, хруст арбузной корки,
В душистой лайке робкая рука.

Звенит, гремит, скрежещет, бьет прибоем
И вдруг притихнет — это значит, он
Пугливо пробирается по хвоям,
Чтоб не спугнуть пространства чуткий сон.

И это значит, он считает зерна
В пустых колосьях, это значит, он
К плите дарьяльской, проклятой и черной,
Опять пришел с каких-то похорон.

И снова жжет московская истома,
Звенит вдали смертельный бубенец. . .
Кто заблудился в двух шагах от дома,
Где снег по пояс и всему конец?

За то, что дым сравнил с Лаокооном,
Кладбищенский воспел чертополох,
За то, что мир наполнил новым звоном
В пространстве новом отраженных строф, —

Он награжден каким-то вечным детством,
Той щедростью и зоркостью светил,
И вся земля была его наследством,
А он ее со всеми разделил.

19 января 1936

DER DICHTER

Er, der sich selbst mit einem Pferdeschädel
Verglichen hat – schräg blitzt sein Augenweiß,
Und wie geschmolzner Diamant erglänzen,
Die Pfützen und verschmachtend brennt das Eis.

Im lila Nebel schlafen Hinterhöfe.
Bahnsteige, Blätter, Balken, Wolkenschnee.
Der Pfiff der Lok. Das Knirschen der Arbuse.
Schüchtern die Hand im duftenden Glacé.

Es klingt, es dröhnt, es quietscht, es brandet.
Und plötzlich ist es still – das heißt: er bahnt
Sich furchtsam seinen Weg durch Tannendunkel,
Nicht aufzustörn des Raumes leichten Schlaf.

Das heißt, er zählt in tauben Ähren
Die Körner, das bedeutet: nach Darjal
Zum schwarzen Grabstein, dem verfluchten,
Kehrt er zurück von einem Totenmahl.

Ihn brennen wieder Moskaus Müdigkeiten.
Die Totenschelle in der Ferne klirrt . . .
Wer hat sich, wo der Schnee reicht bis zum Gürtel,
Wo alles endet, nah beim Haus, verirrt?

Weil er den Rauch Laokoon verglichen
Und weil die Friedhofsdistel er besang,
Weil er die Welt im Spiegel seiner Strophen
Im neuen Raum erfüllt mit neuem Klang,

Ist er belohnt mit Kindheit ohne Dauer,
Der Wachheit des Gestirns und seinem Glanz,
Und was sein Erbteil war, die Erde,
Das teilte er mit allen ganz.

19. Januar 1936

Не прислал ли лебедя за мною,
Или лодку, или черный плот?
Он в шестнадцатом году весною
Обещал, что скоро сам придет.
Он в шестнадцатом году весною
Говорил, что птицей прилечу
Через мрак и смерть к его покою,
Прикоснусь крылом к его плечу.
Мне его еще смеются очи
И теперь шестнадцатой весной.
Что мне делать! Ангел полуночи
До зари беседует со мной.

Февраль 1936
Москва

Warum schickt er keinen Schwan zu mir,
Kommt kein Boot von ihm, kein Floß geschwommen?
Ach, im Frühjahr sechzehn gab er mir
Das Versprechen, selber bald zu kommen.
Und er sagte mir im gleichen Jahr:
Durch Gewölk und Tod zu seinem Hügel
Flög ein Vogel, ich. Sein Haar
Streifte, scheu vor Zärtlichkeit, mein Flügel.
Freudig mir sein Aug noch immer lacht,
Und ein sechzehnt Frühjahr trennt uns nicht.
Ach, was tu ich! Da der Mitternacht
Engel mit mir bis zum Frührot spricht.

Februar 1936
Moskau

ВОРОНЕЖ

О. М.

И город весь стоит оледенелый.
Как под стеклом деревья, стены, снег.
По хрусталям я прохожу несмело.
Узорных санок так неверен бег.
А над Петром воронежским — вороны,
Да тополя, и свод светло-зеленый,
Размытый, мутный, в солнечной пыли,
И Куликовской битвой веют склоны
Могучей, победительной земли.
И тополя, как сдвинутые чаши,
Над нами сразу зазвенят сильней,
Как будто пьют за ликованье наше
На брачном пире тысячи гостей.

А в комнате опального поэта
Дежурят страх и Муза в свой черед.
И ночь идет,
Которая не ведает рассвета.

4 марта 1936

WORONESH

Für O. M.

Und diese Stadt ist ganz zu Eis erstarrt.
Wie unter Glas ruhn Bäume, Firste, Schnee.
Unsicher ist des bunten Schlittens Fahrt,
Trägt der Kristall, auf dem ich zögernd geh.
Woroneshs Dom ein Krähenschwarm umgellt,
Und Pappeln und das Patinagewölbe,
Verwaschen, trüb, von Sonnenstaub getönt,
Und einen Hauch der Schlacht vom Schnepfenfeld
Verströmt das Land, machtvoll und sieggekrönt.
Und jäh wie die erhobenen Pokale
Klirrn Pappeln über uns mit ihren Ästen,
Als feierten auf unserm Hochzeitsmahle
Die Freudenstunde Tausende von Gästen.

Jedoch in des verbannten Dichters Zimmer
Stehn wechselnd Angst und Muse ihre Wacht.
Nun kommt die Nacht,
Und einen neuen Morgen kennt sie nimmer.

4. März 1936

ЗАКЛИНАНИЕ

Из высоких ворот,
Из заохтенских болот,
Путем нехоженым,
Лугом некошеным,
Сквозь ночной кордон,
Под пасхальный звон,
Незваный,
Несуженый, —
Приди ко мне ужинать.

15 апреля 1936

BESCHWÖRUNG

Aus dem hohen, dem Tor,
Hinter den Sümpfen der Ochta hervor,
Auf nie begangenen Wegen,
Über die Wiesen, die ungemähten,
Durch den nächtlichen Postenkordon,
Unterm Geläute der Karprozession,
Uneingeladen,
Unversprochen,
Komme zum Abendessen zu mir.

15. April 1936

От тебя я сердце скрыла,
Словно бросила в Неву...
Прирученной и бескрылой
Я в дому твоем живу.
Только... ночью слышу скрипы.
Что там — — в сумраках чужих?
Шереметевские липы...
Перекличка домовых...
Осторожно подступает,
Как журчание воды,
К уху жарко приникает
Черный шепоток беды —
И бормочет, словно дело
Ей всю ночь возиться тут:
«Ты уюта захотела,
Знаешь, где он — твой уют?»

1936

Ich verbarg mein Herz vor dir,
Als versenkt ichs in der Newa . . .
Folgsam mit gestutzten Flügeln
Lebe ich in deinem Hause.
Aber nachts hör ich ein Knarren.
Was geschieht dort in dem Dunkel?
Flüstern Scheremetjews Linden?
Führn Gespenster Zwiegespräche?
Wie das Rieseln Wassers nähert
Sich das schwarze Unglücksflüstern,
Und es preßt sich in das Ohr,
So als sei es sein Geschäft,
Hier die ganze Nacht zu bleiben
Und zu brabbeln, unaufhörlich:
„So, du wolltst Geborgenheit –
Und wo ist sie, die du wolltest?“

1936

Всё это разгадаешь ты один. . .
Когда бессонный мрак вокруг клокочет,
Тот солнечный, тот ландышевый клин
Врывается во тьму декабрьской ночи.
И по тропинке я к тебе иду.
И ты смеешься беззаботным смехом.
Но хвойный лес и камыши в пруду
Ответствуют каким-то странным эхом. . .
О, если этим мертвого бужу,
Прости меня, я не могу иначе:
Я о тебе, как о своем, тужу
И каждому завидую, кто плачет,
Кто может плакать в этот страшный час
О тех, кто там лежит на дне оврага. . .
Но выкипела, не дойдя до глаз,
Глаза мои не освежила влага.

1938

Enträtseln wirst dies alles du allein . . .
Wenn schlaflos brodelnd, Dunkel dich umringt,
Glänzt der von Maienglöckchen helle Rain,
Der in dezemberfinstre Nächte dringt.
Auf schmalen Pfaden komm ich dir entgegen.
Dein Lachen – sorglos ists wie je zuvor.
Doch eine seltsam fremde Antwort geben
Dir im versprengten Echo Wald und Rohr . . .
Auch wenn ich eines Toten Frieden störte:
Vergib, verzeih, ich kann nichts andres tun:
Ich klage wie um ihn, der mir gehörte,
Um dich und neide dem die Tränen nun,
Der weinen kann in dieser Schreckensstunde.
Netzt keine Träne tröstend mein Gesicht
Ach, über sie – wie gingen sie zugrunde!
Doch weinen kann mein totes Auge nicht.

1938

Годовщину последнюю празднуй —
Ты пойми, что сегодня точь-в-точь
Нашей первой зимы — той, алмазной —
Повторяется снежная ночь.

Пар валит из-под царских конюшен,
Погружается Мойка во тьму,
Свет луны как нарочно притушен,
И куда мы идем — не пойму.

Меж гробницами внука и деда
Заблудился взъерошенный сад.
Из тюремного вынырнув бреда,
Фонари погребально горят.

В грозных айсбергах Марсово поле,
И Лебяжья лежит в хрусталях. . .
Чья с моею сравняется доля,
Если в сердце веселье и страх.

И трепещет, как дивная птица,
Голос твой у меня над плечом.
И внезапным согретый лучом
Снежный прах так тепло серебрится.

1939

Nimm des letzten Jahrestags Feier;
Heut ist wieder die Stunde erwacht,
Unsres ersten demantenen Winters
Kühl von Schnee durchwobene Nacht.

Dampf quillt auf aus dem Marstall der Zaren.
Auf die Mojka die Finsternis fällt.
Wohin gehn wir? – Nicht kann ichs begreifen –
Unterm Mond, der den Weg nicht erhellt.

Zwischen Ahnmal und Enkelgrab hat sich
Ein zerzauster Garten verirrt.
In gefängnisentflohnen Laternen
Das Fahllicht begräbnistrüb wird.

Auf dem Marsfeld die Eisberge dräuen,
Und Kristall die Lebjashja bedeckt ...
Wessen Schicksal wohl gliche dem meinen?
Herz, von Furcht du und Freude erschreckt.

Und es bebt, ein verwunschener Vogel,
Deine Stimme und streift meinen Arm.
Und erwärmt von jäh-hellem Strahle
Glänzt der silberne Schneestaub so warm.

1939

И упало каменное слово
На мою еще живую грудь.
Ничего, ведь я была готова,
Справлюсь с этим как-нибудь.

У меня сегодня много дела:
Надо память до конца убить,
Надо, чтоб душа окаменела,
Надо снова научиться жить.

А не то. . . Горячий шелест лета
Словно праздник за моим окном.
Я давно предчувствовала этот
Светлый день и опустелый дом.

22 июня 1939
Фонтанный Дом

Und es fiel ein Wort aus Stein
Auf die Brust, in der noch Leben ist.
Doch was solls: ich war dafür bereit.
Damit werd ich fertig, irgendwie.

Ich bin heute sehr beschäftigt, denn
Es ist nötig, die Erinnerung zu töten,
Es ist nötig, daß die Seele Stein wird und
Daß ich wieder neu das Leben lerne.

Sonst ... das heiße Rascheln dieses Sommers
Ist vor meinem Fenster wie ein Fest.
Schon seit langem ahnt ich diesen
Klaren Tag und das so öde Haus.

22. Juni 1939
Fontanny dom

ИВА

И дряхлый пук дерев.
Пушкин

А я росла в узорной тишине,
В прохладной детской молодого века.
И не был мил мне голос человека,
А голос ветра был понятен мне.
Я лопухи любила и крапиву,
Но больше всех серебряную иву.
И, благодарная, она жила
Со мной всю жизнь, плакучими ветвями
Бессонницу овеивала снами.
И — странно! — я ее пережила.
Там пень торчит, чужими голосами
Другие ивы что-то говорят.
Под нашими, под теми небесами.
И я молчу. . . Как будто умер брат.

18 января 1940

DIE WEIDE

Und die altersschwachen Bäume.
Puschkin

Ich aber wuchs in grüngemusterter Stille
In des Jahrhundertanfangs kühlem Kinderzimmer.
Lieb war mir keine Menschenstimme,
Verständlich, was der Wind sprach und verschwieg.
Die Nessel liebte ich und die wilden Kletten,
Am meisten meine Weide, silberblättrig.
Und, dankbar, lebte sie das ganze Leben
Mit mir, wehte mit weinenden Zweigen
Mir Träume in die Schlaflosigkeiten . . .
Nun, seltsam, habe ich sie überlebt.
Dort ragt der Stumpf, mit leisen Stimmen
Reden andere Weiden fremde Worte
Unter dem alten, unter unserem Himmel.
Ich schweige, schweig. Als wär ein Bruder gestorben.

18. Januar 1940

ПОДВАЛ ПАМЯТИ

Но сущий вздор, что я живу грустя
И что меня воспоминанье точит.
Не часто я у памяти в гостях,
Да и она меня всегда морочит.
Когда спускаюсь с фонарем в подвал,
Мне кажется — опять глухой обвал
Уже по узкой лестнице грохочет.
Чадит фонарь, вернуться не могу,
А знаю, что иду туда, к врагу.
И я прошу, как милости. . . Но там
Темно и тихо. Мой окончен праздник!
Уж тридцать лет, как проводили дам,
От старости скончался тот проказник. . .
Я опоздала. Экая беда!
Нельзя мне показаться никуда.
Но я касаюсь живописи стен
И у камина греюсь. Что за чудо!
Сквозь эту плесень, этот чад и тлен
Сверкнули два зеленых изумруда.
И кот мяукнул. Ну, идем домой!

Но где мой дом и где рассудок мой?

18 января 1940

KELLER DER ERINNERUNG

Doch das ist Quatsch, daß ich in Trauer lebe,
Daß die Erinnerung mich dauernd quält.
Ich bin nicht oft bei ihr zu Gast gewesen,
Sie hat mich an der Nase rumgeführt.
Steig mit der Lampe ich zum Keller nieder,
So scheint mir, daß ein dumpfer Erdrutsch wieder
Schon auf der schmalen Treppe polternd dröhnt.
Die Funzel blakt. Der Rückweg: abgeschnitten.
Ich weiß, daß ich zum Feind geh. Ich will bitten
Um eine Gnade. Dunkle Stille stöhnt.
Zuend mein Fest! 's ist dreißig Jahre her,
Seitdem die Damen man nach Hause brachte,
Der Schwerenöter starb, der Altersschwache . . .
Ich bin zu spät gekommen. Welch Malheur!
Ich kann mich nirgends zeigen, ich berühre
Die Malereien an den Wänden, und ich spüre
Die Wärme des Kamins. Was für ein Wunder!
Durch Qualm und Moder, durch die nasse Wand
Erglühen zwei Smaragde grün: der Kater,
Er macht „miau". – Na, gehen wir nach Haus!

Wo ist mein Haus? – Und wo ist mein Verstand?

18. Januar 1940

КЛЕОПАТРА

Александрийские чертоги
Покрыла сладостная тень.
Пушкин

Уже целовала Антония мертвые губы,
Уже на коленях пред Августом слезы лила. . .
И предали слуги. Грохочут победные трубы
Под римским орлом, и вечерняя стелется мгла.
И входит последний плененный ее красотою,
Высокий и статный, и шепчет в смятении он:
«Тебя — как рабыню. . . в триумфе пошлет пред
собою. . .»
Но шеи лебяжьей всё так же спокоен наклон.

А завтра детей закуют. О, как мало осталось
Ей дела на свете — еще с мужиком пошутить
И черную змейку, как будто прощальную жалость,
На смуглую грудь равнодушной рукой положить.

7 февраля 1940

KLEOPATRA

Alexandrias Paläste
Deckt der Schatten süße Nacht.
Puschkin

Auf den Knieen vor Augustus vergoß sie die vergingen, die Tränen.
Des Antonius tote Lippen sind lange geküßt.
Ihre Diener verrieten sie. Es dröhnen die Siegestrompeten
Unterm römischen Adler, und Dunkelheit breitet sich süß . . .
Und eintritt der letzte Gefangene ihrer Schönheit,
Hochgewachsen und stark, und beugt sich erschreckt:
„Wie eine Sklavin . . . dich . . . wird er im Triumph vor sich herführn . . .“
Doch nie bot sich die Neigung des Halses gelassener als jetzt.

Und morgen die Kinder in Ketten. Wie weniges bleibt
Zu tun auf der Welt – noch ein Scherz mit dem Alten vom Land,
Und die schwarze Schlange, und wie im Bedauern, zum Abschied
An die sandbraune Brust, gleichmütig, und kein Zittern der Hand.

7. Februar 1940

МАЯКОВСКИЙ В 1913 ГОДУ

Я тебя в твоей не знала славе,
Помню только бурный твой рассвет,
Но, быть может, я сегодня вправе
Вспомнить день тех отдаленных лет.
Как в стихах твоих крепчали звуки,
Новые роились голоса. . .
Не ленились молодые руки,
Грозные ты возводил леса.
Всё, чего касался ты, казалось
Не таким, как было до тех пор,
То, что разрушал ты, — разрушалось,
В каждом слове бился приговор.
Одинок и часто недоволен,
С нетерпеньем торопил судьбу,
Знал, что скоро выйдешь весел, волен
На свою великую борьбу.
И уже отзывный гул прилива
Слышался, когда ты нам читал,
Дождь косил свои глаза гневливо,
С городом ты в буйный спор вступал.
И еще не слышанное имя
Молнией влетело в душный зал,
Чтобы ныне, всей страной хранимо,
Зазвучать, как боевой сигнал.

3—10 марта 1940

MAJAKOWSKI IM JAHR 1913

Nicht dich im Ruhm kannt ich, ich erinnre
Mich an den Aufgang nur, deinen stürmischen, doch
Kann sein das ist mein Recht, ich lenk die Erinnerung
Auf jene Jahre, die fern sind.
Kraftvoller schlugen die Töne, neue
Stimmen schwirrten im Vers, die jungen
Hände, nicht faul: dräuende
Gerüste richteten sich auf.
Was du berührtest, schien anders
Als es bisher war. An dessen Zerstörung
Du gingst, zerstört liegts. In jeglichem Wort
Pulste das Urteil.
Einsamer du, selten zufrieden, du triebst
Das Schicksal voll Ungeduld, immer
Wußtest du: bald, heiter
Ziehst du zum großen Kampf, frei.
Und schon, wir hörtens im Widerhall, dumpfbrausend,
Trugst du Gedichte vor, Flut,
Zornig schielte der Regen, ungestüm
Gingst du mit der Stadt in den Streit.
Und, noch niemals gehörter, flog dein
Name, Blitz in den stickigen Saal;
Heute, vom ganzen Land bewahrt,
Tönt er wie ein Signal zum Kampf.

3.–10. März 1940

ПУТЕМ ВСЕЯ ЗЕМЛИ

В санях сидя, отправляясь
путем всея земли. . .
Поучение
Владимира Мономаха детям

1

Прямо под ноги пулям,
Расталкивая года,
По январям и июлям
Я проберусь туда. . .
Никто не увидит ранку,
Крик не услышит мой,
Меня, китежанку,
Позвали домой.
И гнались за мною
Сто тысяч берез,
Стеклянной стеною
Струился мороз.
У давних пожарищ
Обугленный склад.
«Вот пропуск, товарищ,
Пустите назад. . .»
И воин спокойно
Отводит штык.
Как пышно и знойно
Тот остров возник!
И красная глина,
И яблочный сад. . .
Из аквамарина
Пылает закат.
Тропиночка круто
Взбиралась, дрожа.
Мне надо кому-то
Здесь руку пожать. . .
Но хриплой шарманки
Не слушаю стон.
Не тот китежанке
Послышался звон.

DEN WEG ALLER WELT

Im Schlitten sitzend mache ich mich auf,
Gerüstet für die Wege aller Welt . . .
Belehrung des Wladimir Monomach
für seine Kinder

1

Direkt vor die Kugeln,
Zur Seite stoßend die Zeit,
Durch Januar, Juli
Bahn ich meinen Weg . . .
Die Wunde, die kleine,
Sie wird keiner sehn,
Den Schrei keiner hören –
Von Kitesh die letzte,
Man rief sie herbei.
Es jagten die Birken
Mir nach voller Hast,
Es flimmerten Fröste
Wie splitterndes Glas.
Dort bei den Ruinen
Der Speicher: brandschwarz.
„Hier mein Passierschein,
Ich will jetzt zurück . . ."
Der Krieger, gelassen,
Hebt sein Bajonett.
Wie üppig und glühend
Das Eiland erschien:
Der Lehmhang, der rote,
Der Apfelhain, grün . . .
Es lodert die Sonne
Wie Aquamarin.
Ein Steilpfad, ein schmaler,
Stieg zitternd bergan.
Kommt niemand, dem ich hier
Die Hand reichen kann?
Der Drehorgel Stöhnen –
Ich höre es nicht,
Denn nicht solche Töne
Hört die aus Kitesh . . .

2

Окопы, окопы —
Заблудишься тут!
От старой Европы
Остался лоскут,
Где в облаке дыма
Горят города. . .
И вот уже Крыма
Темнеет гряда.
Я плакальщиц стаю
Веду за собой.
О, тихого края
Плащ голубой!. . .
Над мертвой медузой
Смущенно стою;
Здесь встретилась с Музой,
Ей клятву даю.
Но громко смеется,
Не верит: «Тебе ль?»
По капелькам льется
Душистый апрель.
И вот уже славы
Высокий порог,
Но голос лукавый
Предостерег:
«Сюда ты вернешься,
Вернешься не раз,
Но снова споткнешься
О крепкий алмаз.
Ты лучше бы мимо,
Ты лучше б назад,
Хулима, хвалима,
В отеческий сад.»

2

Du kannst dich verirren
Hier zwischen den Gräben!
Vom alten Europa
Fetzen nur blieben.
In Rauchwolken brennen
Die Städte . . . Da liegt
Schon dunkel die Kette
Der Krim.
Die klagenden Weiber
Führe ich an.
O Mantel, du blauer,
Des schweigenden Lands . . .
Der toten Meduse
Neig ich mich neu.
Hier sah ich die Muse.
Ich schwor ihr die Treue.
Doch sie, ach, sie lachte
Und glaubt mir nicht: „Du?"
Und Tropfen um Tropfen
Verrinnt der April.
Da ist schon die Schwelle,
Die hohe, des Ruhms,
Es warnt eine listige
Stimme: „Nach hier
Wirst stets du zurückkehrn
Und öfter noch sein,
Doch stets wirst du stolpern
Über den Stein.
Flieg lieber vorüber,
Flieh, eh es zu spät,
In den heimischen Garten,
Gelobt und geschmäht."

3

Вечерней порою
Сгущается мгла.
Пусть Гофман со мною
Дойдет до угла.
Он знает, как гулок
Задушенный крик
И чей в переулок
Забрался двойник.
Ведь это не шутки,
Что двадцать пять лет
Мне видится жуткий
Один силуэт.
«Так, значит, направо?
Вот здесь, за углом?
Спасибо!» — Канава
И маленький дом.
Не знала, что месяц
Во всё посвящен.
С веревочных лестниц
Срывается он,
Спокойно обходит
Покинутый дом,
Где ночь на исходе
За круглым столом
Гляделась в обломок
Разбитых зеркал
И в груде потемок
Зарезанный спал.

3

Der Nebel wird dichter
Am Abend, ich wollt
Mit mir ginge Hoffmann
Bis an diese Ecke.
Er weiß ja, wie hallend
Ein Schreien erstickt,
Wessen Doppelgänger sich dort
In die Gasse geschlichen.
Es ist ja kein Scherz,
Daß schon fünfundzwanzig
Jahr lang den einen
Unheimlichen
Schatten ich sehe.
„So, also nach rechts dort?
Und hier um die Ecke?
Ich danke!" – Ein Graben,
Ein winziges Haus.
Wie konnte ich ahnen,
Daß von der Partie
Auch noch der Mond war.
Er stürzte herunter
Die Strickleiter, machte
Gelassen die Runde
Durchs einsame Haus,
Wo am runden Tisch
Die endende Nacht
Sich in einer Scherbe
Des Spiegels betrachtet,
Und in einem Haufen
Von Dunkelheit ein
Ermordeter schlief.

4

Чистейшего звука
Высокая власть,
Как будто разлука
Натешилась всласть.
Знакомые зданья
Из смерти глядят —
И будет свиданье
Печальней стократ
Всего, что когда-то
Случилось со мной. . .
За новой утратой
Иду я домой.

5

Черемуха мимо
Прокралась, как сон.
И кто-то «Цусима!»
Сказал в телефон.
Скорее, скорее —
Кончается срок:
«Варяг» и «Кореец»
Пошли на восток. . .
Там ласточкой реет
Старая боль. . .
А дальше темнеет
Форт Шаброль,
Как прошлого века
Разрушенный склеп,
Где старый калека
Оглох и ослеп.
Суровы и хмуры,
Его сторожат
С винтовками буры.
«Назад, назад!!»

4

Eines lauteren
Lauts hohe Macht,
Als hätte die Trennung
Sich lustvoll vergnügt.
Und wie aus dem Tod
Starrn vertraute Gebäude –
Das Wiedersehn aber
Wird hundertmal schlimmer,
Als alles, was einst mir
Hier widerfahren . . .
So geh ich nach Hause
Um neuen Verlust.

5

Ein Faulbeerbaum schlich sich
Vorbei wie ein Traum.
„Tsushima" sprach jemand,
Sprachs ins Telefon.
Beeilt euch, beeilt euch –
Zuende die Frist:
Die russische Flotte
Lief aus nach Fernost . . .
Dort, wie eine Schwalbe
Schwebt alter Schmerz . . .
Und Fort Chabrol wartet,
Ein dunkelnder Klotz,
Vergangnen Jahrhunderts
Zertrümmerte Gruft,
Wo blind und ertaubt ist
Ein Krüppel, ein Greis.
Mit finsteren Stirnen,
Gewehr bei Gewehr,
Stehn Wache die Buren:
„Zurück jetzt, zurück!"

6

Великую зиму
Я долго ждала,
Как белую схиму
Ее приняла.
И в легкие сани
Спокойно сажусь. . .
Я к вам, китежане,
До ночи вернусь.
За древней стоянкой
Один переход. . .
Теперь с китежанкой
Никто не пойдет,
Ни брат, ни соседка,
Ни первый жених, —
Лишь хвойная ветка
Да солнечный стих,
Оброненный нищим
И поднятый мной. . .
В последнем жилище
Меня упокой.

10—12 марта 1940
Фонтанный Дом

6

Auf diesen erhabnen
Winter hab lange
Ich schon gewartet.
Als weißen Schleier
Hab ich ihn empfangen.
Ich steig in den Schlitten,
Den leichten, voll Ruhe . . .
Zu euch, ihr von Kitesh,
Komm ich, eh es Nacht wird.
Die alte Station –
Dann noch eine Strecke . . .
Mit der aus Kitesh
Wird niemand mehr gehen:
Nicht Bruder, nicht Freundin,
Kein erster Verlobter,
Nur der Zweig einer Tanne,
Ein Vers voller Sonne,
Den einer verloren,
Der bettelarm ist –
Ich hob ihn auf . . .
Gib mir die ewige Ruhe
Im letzten Zuhaus.

10.–12. März 1940
Fontanny dom

ПАМЯТИ М. Б — ВА

Вот это я тебе, взамен могильных роз,
Взамен кадильного куренья;
Ты так сурово жил и до конца донес
Великолепное презренье.
Ты пил вино, ты как никто шутил
И в душных стенах задыхался,
И гостью страшную ты сам к себе впустил,
И с ней наедине остался.
И нет тебя, и всё вокруг молчит
О скорбной и высокой жизни,
Лишь голос мой, как флейта, прозвучит
И на твоей безмолвной тризне.
О, кто поверить смел, что полоумной мне,
Мне, плакальщице дней погибших,
Мне, тлеющей на медленном огне,
Всё потерявшей, всех забывшей, —
Придется поминать того, кто, полный сил
И светлых замыслов, и воли,
Как будто бы вчера со мною говорил,
Скрывая дрожь предсмертной боли.

Март 1940
Фонтанный Дом

Когда человек умирает,
Изменяются его портреты.
По-другому глаза глядят, и губы
Улыбаются другой улыбкой.
Я заметила это, вернувшись
С похорон одного поэта.
И с тех пор проверяла часто,
И моя догадка подтвердилась.

21 мая 1940

M. B. ZUM GEDENKEN

Dies schenk ich dir statt Rosen auf dem Grab
Und statt das Weihrauchfaß zu schwenken:
Denn keiner hat so streng gelebt wie du
Und bis zum Ende je so großartig verachtet.
Hast Wein getrunken und gelacht, und bist
Wie niemand fast erstickt zwischen den Wänden,
Du ließest zu dir ein den dunklen Gast
Und bist mit ihm allein geblieben.
Du bist nicht mehr – doch alles ringsum schweigt
Über dein schmerzerfülltes hohes Leben.
Nur meine Stimme wird, als Flöte, die ertönt,
Auch über deiner stummen Totenfeier schweben.
Wer hätt gewagt zu glauben, daß ich, halbentseelt,
Ich, Klageweib der abgelebten Tage,
Ich, Scheit, das noch im Feuer schwelt,
Ich, die ich des Vergessens Lasten trage,
Gedenken müsse dessen, der voll Kraft
Und schöner Pläne willensstark gesprochen
Wie gestern, der ins Angesicht gesehn
Dem Tod, vor Schmerzen bebend, nicht gebrochen.

März 1940
Fontanny dom

Wenn ein Mensch stirbt, so verwandeln
Sich seine Bilder: anders
Sehen die Augen; die Lippen
Lächeln ein anderes Lächeln.
Dies hab ich bemerkt,
Als ich zurückkam vom Begräbnis des Dichters.
Seither habe ichs oft überprüft,
Und meine Vermutung hat sich bestätigt.

21. Mai 1940

Из цикла «В сороковом году»

Когда погребают эпоху,
Надгробный псалом не звучит,
Крапиве, чертополоху
Украсить ее предстоит.
И только могильщики лихо
Работают. Дело не ждет!
И тихо, так, господи, тихо,
Что слышно, как время идет.
А после она выплывает,
Как труп на весенней реке, —
Но матери сын не узнает,
И внук отвернется в тоске.
И клонятся головы ниже,
Как маятник, ходит луна.

Так вот — над погибшим Парижем
Такая теперь тишина.

5 августа 1940

ЛОНДОНЦАМ

Двадцать четвертую драму Шекспира
Пишет время бесстрастной рукой.
Сами участники грозного пира,
Лучше мы Гамлета, Цезаря, Лира
Будем читать над свинцовой рекой;
Лучше сегодня голубку Джульетту
С пеньем и факелом в гроб провожать,
Лучше заглядывать в окна к Макбету,
Вместе с наемным убийцей дрожать, —
Только не эту, не эту, не эту,
Эту уже мы не в силах читать!

1940

Aus dem Zyklus „Im Jahr vierzig“

Wird eine Epoche beerdigt,
Tönt kein Psalm übers Grab.
Brennesseln, Disteln
Werden den Hügel verziern.
Den Totengräbern im Zwielicht
Gehts von der Hand. Und es eilt.
Mein Gott, wie die Stille wächst.
Man hört die Zeit vergehn.
Später schwemmts die Versenkte
Hoch wie eine Leiche im Fluß,
Der Sohn will sie nicht erkennen,
Der Enkel wendet sich ab.
Die Köpfe neigen sich tiefer,
Der Mond wie ein Pendel geht.

Und eine solche Stille
Liegt über Paris, da es stirbt.

5. August 1940

FÜR DIE LONDONER

Shakespeares vierundzwanzigstes Drama
Schreibt die Zeit mit lässiger Hand.
Selber der scheußlichen Mahlzeit Gäste,
Wollen wir lieber Hamlet und Caesar
Lesen überm bleiernen Fluß,
Gäben wir lieber Julia, dem Täubchen,
Singend und leuchtend das Grabgeleit,
Zitterten wir mit gedungenen Mördern,
Sähen in blutige Fenster Macbeth –
Nur nicht, was geschieht, nicht das, nicht das.
Dies zu lesen, fehlt uns die Kraft.

1940

ТЕНЬ

Что знает женщина одна
о смертном часе?
О. Мандельштам

Всегда нарядней всех, всех розовей и выше,
Зачем всплываешь ты со дна погибших лет
И память хищная передо мной колышет
Прозрачный профиль твой за стеклами карет?
Как спорили тогда — ты ангел или птица!
Соломинкой тебя назвал поэт.
Равно на всех сквозь черные ресницы
Дарьяльских глаз струился нежный свет.
О тень! Прости меня, но ясная погода,
Флобер, бессонница и поздняя сирень
Тебя — красавицу тринадцатого года —
И твой безоблачный и равнодушный день
Напомнили... А мне такого рода
Воспоминанья не к лицу. О тень!

9 августа 1940. Вечером

DER SCHATTEN

Doch diese Frau: was weiß sie
von der Todesstunde?
O. Mandelstam

Immer die schönsten Kleider, rosiger, schlanker als alle,
Weshalb kommst du vom Grund abgetaner Jahre,
Und warum schaukelt gierig die Erinnerung
Dein Profil durchsichtig hinters Glas der Kutschen?
Einmal stritt man, ob du Engel oder Vogel bist.
Ein Dichter sagte Strohhalm zu dir.
Und ohne Vorzug fiel auf alle zärtliches Licht
Aus den kaukasischen Schluchten deiner Augen.
O Schatten, trag es mir nicht nach, das klare Wetter,
Flaubert, Schlaflosigkeit und spät aufblühender Flieder
Haben mich – schöne Frau des Jahres dreizehn –
An dich und deinen wolkenlosen Tag
Erinnert . . . Doch mir stehn diese
Erinnerungen nicht zu Gesicht. O Schatten!

9. August 1940. Abends

НАДПИСЬ НА КНИГЕ «ПОДОРОЖНИК»

Совсем не тот таинственный художник,
Избороздивший Гофмановы сны, —
Из той далекой и чужой весны
Мне чудится смиренный подорожник.

Он всюду рос, им город зеленел,
Он украшал широкие ступени,
И с факелом свободных песнопений
Психея возвращалась в мой придел.

А в глубине четвертого двора
Под деревом плясала детвора
В восторге от шарманки одноногой,

И била жизнь во все колокола...
А бешеная кровь меня к тебе вела
Сужденной всем, единственной дорогой.

18 января 1941

ЛЕНИНГРАД В МАРТЕ 1941 ГОДА

Cadran solaire на Меньшиковом доме.
Подняв волну, проходит пароход.
О, есть ли что на свете мне знакомей,
Чем шпилей блеск и отблеск этих вод!
Как щелочка, чернеет переулок.
Садятся воробьи на провода.
У наизусть затверженных прогулок
Соленый привкус — тоже не беда.

1941

WIDMUNG IM GEDICHTBAND „WEGERICH“

Nicht er, der nie aus Hoffmanns Träumen wich,
Ein Maler, von Geheimnissen umgeben, –
Aus einem fernen Frühjahr in mein Leben
Blinkt er nur, der bescheidne Wegerich.

Allüberall erfreute er den Blick.
Sein Grün glomm von den breiten Stufen wider.
Und mit der Fackel ungebundner Lieder
Kam Psyche in mein Heimatreich zurück.

Und aus des vierten Hofes Tiefe drangen
Der Kinder Rufe, die den Baum umsprangen,
Entzückt von eines Leierkastens Drehn.

An alle Glocken hell das Leben rührte . . .
Jedoch mein wildes Blut zu dir mich führte
Des einen Weges – jeder muß ihn gehn.

18. Januar 1941

LENINGRAD IM MÄRZ 1941

Am Menschikowschen Hause der cadran solaire*.
Ein Dampfer zieht, die Welle hebend, nah vorbei.
Gibts auf der Welt etwas, das mir vertrauter wäre
Als diese Türme und des Wassers Widerschein?
Als schmaler Spalt gähnt schwarz die Seitenstraße.
Die Spatzen sitzen auf dem Leitungsdraht.
Und auch kein Unglück ist der Salzgeschmack
Der immer gleichen Wege, Tag für Tag.

1941

* (franz.) – Sonnenuhr.

Из цикла «Ветер войны»

Птицы смерти в зените стоят.
Кто идет выручать Ленинград?

Не шумите вокруг — он дышит,
Он живой еще, он всё слышит:

Как на влажном балтийском дне
Сыновья его стонут во сне,

Как из недр его вопли: «Хлеба!» —
До седьмого доходят неба. . .

Но безжалостна эта твердь.
И глядит из всех окон — смерть.

28 сентября 1941 (самолет)

МУЖЕСТВО

Мы знаем, что́ ныне лежит на весах
И что́ совершается ныне.
Час мужества пробил на наших часах,
И мужество нас не покинет.
Не страшно под пулями мертвыми лечь,
Не горько остаться без крова, —
И мы сохраним тебя, русская речь,
Великое русское слово.
Свободным и чистым тебя пронесем,
И внукам дадим, и от плена спасем
Навеки!

23 февраля 1942
Ташкент

Aus dem Zyklus „Kriegswind“

Die Vögel des Tods im Zenit.
Wo kommt, Leningrad, der dir hilft?

Und kein Lärm jetzt – es atmet, schwer.
Noch am Leben, lauschts. Hört:

Auf dem baltischen Seegrund nachts
Stöhnen seine Söhne im Schlaf,

Tief aus seiner Erde nach Brot
Brüllts zum siebenten Himmel hoch . . .

Doch der Himmel versteint, gnadenlos.
Aus den Fenstern blickt ER: Der Tod.

28. September 1941 (Flugzeug)

TAPFERKEIT

Wir wissen, was nun die Waage wägt
Und was heute geschieht.
Die Stunde der Tapferkeit ists, die uns schlägt.
Sie läßt uns nicht, wir nicht sie.
Nicht schlimm, sich unter den Kugeln zu legen.
Kein Schmerz, ohne Blut zu sein dort.
Doch dich behüten wir, russische Rede,
Großes russisches Wort.
Und tragen dich, frei, rein, mit unsrer Kraft
Und retten dich vor der Gefangenschaft
Auf immer!

23. Februar 1942
Taschkent

А вы, мои друзья последнего призыва!
Чтоб вас оплакивать, мне жизнь сохранена.
Над вашей памятью не стыть плакучей ивой,
А крикнуть на весь мир все ваши имена!
Да что там имена!
Ведь всё равно — вы с нами!..
Все на колени, все!
Багряный хлынул свет!
И ленинградцы вновь идут сквозь дым рядами —
Живые с мертвыми: для славы мертвых нет.

Август 1942
Дюрмень

Важно с девочками простились,
На ходу целовали мать,
Во всё новое нарядились,
Как в солдатики шли играть.

Ни плохих, ни хороших, ни средних...
Все они по своим местам,
Где ни первых нет, ни последних...
Все они опочили там.

1943

Und ihr, Freunde vom letzten Aufgebot!
Mir blieb das Leben, daß ich euch bewein.
Und nicht als Trauerbaum still überm Tod,
Sondern um eure Namen in die Welt zu schrein.
Doch wem hier Namen!
Wie's auch kommt, ihr seid mit uns.
Auf die Knie, alle!
Licht fällt ein blutrot.
Und wieder gehn im Rauch die Leningrader
In Reihe und Glied: Der Ruhm kennt keine Toten.

August 1942
Djurmen

Lässig Adieu zu den Mädchen,
Im Gehn die Mutter geküßt,
Im neuesten Anzug, dem besten,
Wie zum Zinnsoldatenspiel

Nicht gute, nicht andre, nicht schlechte,
Jeglicher an seinem Ort,
Wos keine ersten gibt, keine letzten . . .
Wurden sie alle zu Erde, dort.

1943

НА СМОЛЕНСКОМ КЛАДБИЩЕ

А все, кого я на земле застала,
Вы, века прошлого дряхлеющий посев!
. . . .
Вот здесь кончалось всё: обеды у Донона,
Интриги и чины, балет, текущий счет. . .
На ветхом цоколе — дворянская корона
И ржавый ангелок сухие слезы льет.
Восток еще лежал непознанным пространством
И громыхал вдали, как грозный вражий стан,
А с Запада несло викторианским чванством,
Летели конфетти и подвывал канкан.

1942
Дюрмень

AUF DEM SMOLENKA-FRIEDHOF

Ihr alle, die ich hier auf Erden angetroffen,
Seid des vergangenen Jahrhunderts hingewelkte Saat!
. . . .
Hier endet alles: die dononschen Festbankette,
Intrigen, Würden, Girokonten und Ballette . . .
Auf mürbem Sockel eine Adelskron, vereint
Mit einem rostgen Engelchen, das trockne Tränen weint.
Der Osten lag in unerforschter Ferne weit
Und grollte drohend wie ein Feind, vom Westen wehte
Der dünkelhafte Geist viktorianscher Zeit.
Konfetti flog. Es heulte der Cancan . . .

1942
Djurmen

ТРИ ОСЕНИ

Мне летние просто невнятны улыбки,
И тайны в зиме не найду.
Но я наблюдала почти без ошибки
Три осени в каждом году.

И первая — праздничный беспорядок
Вчерашнему лету назло,
И листья летят, словно клочья тетрадок,
И запах дымка так ладанно-сладок,
Всё влажно, пестро и светло.

И первыми в танец вступают березы,
Накинув сквозной убор,
Стряхнув второпях мимолетные слезы
На соседку через забор.

Но эта бывает — чуть начата повесть.
Секунда, минута — и вот
Приходит вторая, бесстрастна, как совесть.
Мрачна, как воздушный налет.

Все кажутся сразу бледнее и старше,
Разграблен летний уют,
И труб золотых отдаленные марши
В пахучем тумане плывут. . .

И в волнах холодных его фимиама
Закрыта высокая твердь,
Но ветер рванул, распахнулось — и прямо
Всем стало понятно: кончается драма,
И это не третья осень, а смерть.

6 ноября 1943
Ташкент

DREI HERBSTE

Des Sommers Lächeln – mir bleibt es verschlossen,
Kein Rätsel der Winter mir gibt.
Doch in jedem der Jahre – sie flohn und verflossen –
Hab ich drei Herbste geliebt.

Und einer, der erste, – ein festliches Gleiten
Als höhne den Sommer er nur,
Und Blätter wirbeln wie Fetzen von Seiten,
Und weihrauchsüß zieht der Rauch durch die Weiten,
Und hell ist und bunt die Natur.

In lichtem Gewand sind beim Festreigen wieder
Als erste die Birken zu schaun.
Sie schüttelten eilends zwei Tränen hernieder
Zur Nachbarin hinter dem Zaun.

Er währt einen Lidschlag und ist schon verflogen.
Kaum daß die Erzählung begann,
Kommt streng wie die Wahrheit der zweite gezogen,
Fliegt schwarz wie ein Bomberschwarm an.

Gealtert scheint jeder. Zum Raub ist gefallen
Des Sommers Geborgenheit dort,
Wo goldner Trompeten Märsche verhallen
Und ziehen im Nebelduft fort . . .

Kühl liegt im Wallen des Weihrauchs verborgen
Die Veste, wo Sonne sonst loht.
Doch der Wind frischt auf und zerreißt diese Wände.
Und alle begreifen: das Stück geht zu Ende;
Kein Herbst ists, sondern der Tod.

6. November 1943
Taschkent

А в книгах я последнюю страницу
Всегда любила больше всех других, —
Когда уже совсем неинтересны
Герой и героиня, и прошло
Так много лет, что никого не жалко,
И, кажется, сам автор
Уже начало повести забыл,
И даже «вечность поседела»,
Как сказано в одной прекрасной книге,
Но вот сейчас, сейчас
Всё кончится, и автор снова будет
Бесповоротно одинок, а он
Еще старается быть остроумным
Или язвит — прости его господь! —
Прилаживая пышную концовку,
Такую, например:
...И только в двух домах
В том городе (название неясно)
Остался профиль (кем-то обведенный
На белоснежной извести стены),
Не женский, не мужской, но полный тайны.
И, говорят, когда лучи луны —
Зеленой, низкой, среднеазиатской —
По этим стенам в полночь пробегают,
В особенности в новогодний вечер,
То слышится какой-то легкий звук,
Причем одни его считают плачем,
Другие разбирают в нем слова.
Но это чудо всем поднадоело,
Приезжих мало, местные привыкли,
И, говорят, в одном из тех домов
Уже ковром закрыт проклятый профиль.

25 ноября 1943
Ташкент

In Büchern aber hab ich stets die letzte Seite
Noch mehr geliebt als alle anderen:
Wenn Held und Heldin bereits gänzlich
Uninteressant geworden und so viele Jahre
Vergangen sind, so viele Jahre, daß
Einem um keinen leid ist, und der Autor selbst,
So scheint es, schon den Anfang des Romans
Vergessen hat und wenn sogar
„Die Ewigkeit ergraut ist", wie's in einem
Herrlichen Buch heißt, aber jetzt,
Jetzt alles enden wird, und auch der Autor
Wieder ganz unvergänglich einsam werden wird,
Der sich noch müht, geistreich zu sein
Oder sarkastisch – Gott verzeihe ihm! –, indem
Er noch einen pompösen Schluß anbringt,
Von dieser Art zum Beispiel:
... nur in zwei Häusern jener Stadt (der Name
Bleibt unklar) blieb
(Von jemandem gezeichnet auf den Kalk
Schneeweißer Wand) zurück,
Nicht weiblich, auch nicht männlich, ein Profil,
Ein, ach, geheimnisvolles. Und es heißt ja, wenn
Des Mondes Strahlen – des grünen, niedrigen
Von Mittelasien – um die Mitternacht
Über die Wände hier – besonders wohl
Am Neujahrsabend – huschen, dann,
Dann hört man einen leichten Laut, den wohl
Die einen für ein Weinen halten,
Die andern aber Worte aus ihm hören.
Doch dieses Wunder haben alle ganz schön satt.
Fremde gibts wenig, und die hier Geborenen
Sind schon daran gewöhnt, es heißt, in einem
Der Häuser hat man schon mit einem Teppich
Das elende Profil verhängt.

25. November 1943
Taschkent

Когда лежит луна ломтем чарджуйской дыни
На краешке окна и духота кругом,
Когда закрыта дверь, и заколдован дом
Воздушной веткой голубых глициний,
И в чашке глиняной холодная вода,
И полотенца снег, и свечка восковая
Горит, как в детстве, мотыльков сзывая,
Грохочет тишина, моих не слыша слов, —
Тогда из черноты рембрандтовских углов
Склубится что-то вдруг и спрячется туда же,
Но я не встрепенусь, не испугаюсь даже. . .
Здесь одиночество меня поймало в сети.
Хозяйкин черный кот глядит, как глаз столетий,
И в зеркале двойник не хочет мне помочь.
Я буду сладко спать. Спокойной ночи, ночь.

28 марта 1944
Ташкент

Wenn wie eine Melonenscheibe liegt der Mond
Am Fensterrand, und ringsherum herrscht nichts als Schwüle,
Wenn dann die Tür geschlossen ist und Kühle
Eiskalten Wassers aus der Schüssel steigt von Ton –
Dann ist das Haus verzaubert von dem Blau
Der zarten Zweige der Glyzinien – und die Frische
Vom Schnee des Handtuchs leuchtet, auf dem Tische
Brennt eine Kerze, die, wie in der Kinderzeit,
Die Falter anlockt. Wie Gewitter, weit,
Rollt Stille, die mein Wort nicht hört –
In rembrandtischen Ecken
Versammelt sich die Schwärze, um sich zu verstecken.
Ich fahr nicht auf, kein Schreck kann mich entsetzen:
Mich hat die Einsamkeit umstrickt mit ihren Netzen.
Der Wirtin schwarzer Kater schaut mich an
Wie 's Auge der Jahrhunderte.
Mein Doppelgänger dort im Spiegel kann
Mir nicht mehr helfen. – Süß
Werde ich schlafen, schlaf geruhsam, Nacht.

28. März 1944
Taschkent

Это рысьи глаза твои, Азия,
Что-то высмотрели во мне,
Что-то выдразнили подспудное
И рожденное тишиной,
И томительное, и трудное,
Как полдневный термезский зной.
Словно вся прапамять в сознание
Раскаленной лавой текла,
Словно я свои же рыдания
Из чужих ладоней пила.

1945

Es sind deine Luchsaugen, Asien,
Die etwas in mir erspäht,
Die hervorlockten etwas Verborgnes,
Das die Stille gebar,
Das schwer zu ertragen und quälend
Wie in Termes die Mittagsglut,
Als ob der Vorzeit Gedächtnis wie glühende Lava
Mir in das Bewußtsein sank,
Als wär es mein eigenes Schluchzen,
Das aus fremden Händen ich trank.

1945

Cinque*

Autant que toi sans doute il te sera fidèle
Et constant jusques à la mort.
*Baudelaire***

1

Как у облака на краю,
Вспоминаю я речь твою,

А тебе от речи моей
Стали ночи светлее дней.

Так, отторгнутые от земли,
Высоко мы, как звезды, шли.

Ни отчаянья, ни стыда
Ни теперь, ни потом, ни тогда.

Но живого и наяву,
Слышишь ты, как тебя зову.

И ту дверь, что ты приоткрыл,
Мне захлопнуть не хватит сил.

26 ноября 1945

* Пять (пятёрка) (итал.). — Ред.
** Как ты сама, несомненно, будет он тебе верным и постоянным до смерти. Бодлер (франц.). — Ред.

Cinque*

Autant que toi sans doute il te sera fidèle,
*Et constant jusques à la mort.***
Baudelaire

1

Wie am Abhang der Wolke: ich
Ruf all deine Worte zurück,

Dir aber, vom Wort, das ich sprach,
War die Nacht heller als der Tag.

Und so, von der Erde los,
Gingen wir, Sterne, hoch oben.

Weder verzweifelt, noch Scham:
Nicht jetzt, nicht damals, nicht dann.

Doch du, lebend, und nicht im Traum,
Hörst, wie ich dich rufe, laut.

Und die Tür, die du aufgetan hast,
Zu schließen bin ich zu schwach.

26. November 1945

* (ital.) – fünf, die Fünf.

** (franz.) – Und so wie du, so wird bestimmt auch er beständig
Und treu sein bis zum Todestag.
(Deutsch von Sigmar Löffler)

2

Истлевают звуки в эфире,
И заря притворилась тьмой.
В навсегда онемевшем мире
Два лишь голоса: твой и мой.
И под ветер с незримых Ладог,
Сквозь почти колокольный звон,
В легкий блеск перекрестных радуг
Разговор ночной превращён.

20 декабря 1945

3

Я не любила с давних дней,
Чтобы меня жалели,
А с каплей жалости твоей
Иду, как с солнцем в теле.
Вот отчего вокруг заря.
Иду я, чудеса творя,
Вот отчего!

20 декабря 1945

2

Fern im Äther verwesen die Töne,
Das Abendrot hüllt sich in Nacht,
Nur meine und deine, die Stimmen,
In der Welt, die auf immer erstarrt.
Und zum Wind von unsichtbaren Seen
Durch wie von Glocken Klang
Verwandeln sich jetzt die Gespräche
Zu gekreuzter Milchstraßen Glanz.

20. Dezember 1945

3

Nie seit ich mich erinnre wollt ich
Bedauert werden – heut,
Von deinem Mitleid einen Tropfen,
Geh ich, die Sonne im Leib.
Darum also Morgenrot ringsum,
Geh ich, schaffe Wunder,
Aus diesem Grund!

20. Dezember 1945

4

Знаешь сам, что не стану славить
Нашей встречи горчайший день.
Что тебе на память оставить?
Тень мою? На что тебе тень?
Посвященье сожженной драмы,
От которой и пепла нет,
Или вышедший вдруг из рамы
Новогодний страшный портрет?
Или слышимый еле-еле
Звон березовых угольков,
Или то, что мне не успели
Досказать про чужую любовь?

6 января 1946

5

Не дышали мы сонными маками,
И своей мы не знаем вины.
Под какими же звездными знаками
Мы на горе себе рождены?

И какое кромешное варево
Поднесла нам январская тьма?
И какое незримое зарево
Нас до света сводило с ума?

11 января 1946

4

Du weißt, ich werd nicht besingen
Unseren bittersten Tag.
Was laß ich dir zum Erinnern?
Meinen Schatten? Wozu ein Schatten?
Eine Widmung in ein Drama,
Von dem nicht die Asche blieb,
Oder das vortrat aus dem Rahmen,
Das furchtbare Neujahrs-Bild?
Oder das kaum hörbare
Lied der Birkenköhlchen, die glühn,
Oder was wir zu Ende nicht sprachen
Von der anderen, fremden Liebe?

6. Januar 1946

5

Wir atmeten nicht vom Schlafmohn,
Unsre Schuld blieb uns unbekannt.
Unter welchen zum Leid geboren
Sind wir der Sternzeichen des Lands?

Und welches Gesöff der Hölle
Brachte uns die Januarnacht?
Welch unsichtbare Morgenröte
Nahm uns vor Tag den Verstand?

11. Januar 1946

Северные элегии

Всё в жертву памяти твоей. . .
Пушкин

(1)

ПЕРВАЯ
Предыстория

Я теперь живу не там. . .
Пушкин

Россия Достоевского. Луна
Почти на четверть скрыта колокольней.
Торгуют кабаки, летят пролетки,
Пятиэтажные растут громады
В Гороховой, у Знаменья, под Смольным.
Везде танцклассы, вывески менял,
А рядом: «Henriette», «Basile», «André»
И пышные гроба: «Шумилов-старший».
Но, впрочем, город мало изменился.
Не я одна, но и другие тоже
Заметили, что он подчас умеет
Казаться литографией старинной,
Не первоклассной, но вполне пристойной,
Семидесятых, кажется, годов.
Особенно зимой, перед рассветом
Иль в сумерки — тогда за воротами
Темнеет жесткий и прямой Литейный,
Еще не опозоренный модерном,
И визави меня живут — Некрасов
И Салтыков. . . Обоим по доске
Мемориальной. О, как было б страшно
Им видеть эти доски! Прохожу.
А в Старой Руссе пышные канавы,
И в садиках подгнившие беседки,
И стекла окон так черны, как прорубь,
И мнится, там такое приключилось,
Что лучше не заглядывать, уйдем.
Не с каждым местом сговориться можно,
Чтобы оно свою открыло тайну
(А в Оптиной мне больше не бывать. . .).

Nördliche Elegien

Zum Opfer dir, – dir zum Gedächtnis . . .
Puschkin

(1)

DIE ERSTE
Vorgeschichte

Nicht leb ich dort jetzt . . .
Puschkin

Das Rußland Dostojewskis. Fast ein Viertel
Des Monds verdeckt der hohe Glockenturm.
Die Kneipen zechen. Droschken fliehn vorüber.
Und Ungeheuer wachsen fünfgeschössig
In der Gorochowaja, am Snamenje
Und Smolny auf. Tanzschulen. Wechslerstuben.
„Basile", „André" und prachtgeprotzte Särge:
„Schumilow senior". Doch im übrigen
Hat sich die alte Hauptstadt kaum verändert.
Nicht mir allein, auch andern fiel es auf,
Daß oft sie einem alten Steindruck gleicht,
Zwar mindern Rangs, doch von geübten Händen,
Von anno siebzig, wenn der Schein nicht trügt.
 Zumal im Winter – noch vor Tagesgraun,
 Im Dämmer auch – da breitet vor dem Haustor
 Sich der Litejny, hart und grad und dunkel,
 Noch nicht entstellt vom Schandgeist der Moderne.
 Mir gegenüber lehnt das Haus Nekrassows
 Und Saltykows. Und Zeugnis gibt von beiden
 Je eine Ehrentafel. Wie erschräken
 Bei ihrem Anblick sie! Ich geh vorüber.
Staraja Russa aber – seichte Gräben
Und in den Gärtchen altersmorsche Lauben –
So schwarz die Scheiben wie ein Söll im Eis.
Uns deucht, als sei ein Dunkles dort geschehen,
Das wir nicht schauen möchten, laß uns eilen.
Denn manche Stätte wehrt sich unsrer Freundschaft
Und niemals gibt sie ihr Geheimnis preis.
(So kehr ich nie nach Optina zurück . . .).

Шуршанье юбок, клетчатые пледы,
Ореховые рамы у зеркал,
Каренинской красою изумленных,
И в коридорах узких те обои,
Которыми мы любовались в детстве,
Под желтой керосиновою лампой,
И тот же плюш на креслах. . .
Всё разночинно, наспех, как-нибудь. . .
Отцы и деды непонятны. Земли
Заложены. И в Бадене — рулетка.

И женщина с прозрачными глазами
(Такой глубокой синевы, что море
Нельзя не вспомнить, поглядевши в них),
С редчайшим именем и белой ручкой,
И добротой, которую в наследство
Я от нее как будто получила, —
Ненужный дар моей жестокой жизни. . .

Страну знобит, а омский каторжанин
Всё понял и на всем поставил крест.
Вот он сейчас перемешает всё
И сам над первозданным беспорядком,
Как некий дух, взнесется. Полночь бьет.
Перо скрипит, и многие страницы
Семеновским припахивают плацем.

Так вот когда мы вздумали родиться
И, безошибочно отмерив время,
Чтоб ничего не пропустить из зрелищ
Невиданных, простились с небытьем.

3 сентября 1940
Ленинград
Октябрь 1943
Ташкент

Rascheln von Röcken und karierten Plaids,
Geschweifte Nußholzrahmen an den Spiegeln,
Starr von der Schönheit der Karenina;
In engen Korridoren die Tapeten,
Die einstmals in der Kindheit uns erfreuten;
Das gelbe Blaken der Petroleumlampen,
Und noch derselbe Plüsch auf allen Sesseln . . .
  Wirr, eilends aufgehäuft. So unbegreiflich
  Väter und Aberväter: Längst verpfändet –
  Ihr Land. Noch kreist in Baden das Roulette.

Und eine Frau mit klaren, offenen Augen
(So tief ihr Blau, als sähest du das Meer,
Wenn flüchtig du in ihre Spiegel schaust),
Mit seltsam fremdem Namen, zarten Händen
Und einer Güte, die ich wohl als Erbe
Von ihr empfing – nichts nütze, eitle Gabe
In meinem spröden, angstgewohnten Leben . . .

Ein Fieber peitscht das Land. Der Omsker Sträfling
Der all dies wußte, hat das Kreuz geschlagen.
Bald wird zerstreun er alles und verwirrn
Und überm Wasser, dem ur-ewigen Chaos,
Selbst sich erheben. Es schlägt Mitternacht.
Die Feder kratzt, und viele Seiten sind
Von Angst, sind vom Semjonowplatz noch schwer.

Und damals fiels uns ein, zur Welt zu kommen,
Die Zeit bemessend nach dem engsten Maß,
Daß nichts entgehe uns vom seltnen Schauspiel;
So nahmen wir von unserm Nichtsein Abschied.

3. September 1940
Leningrad
Oktober 1943
Taschkent

(2)

ВТОРАЯ

Так вот он — тот осенний пейзаж,
Которого я так всю жизнь боялась:
И небо — как пылающая бездна,
И звуки города — как с того света
Услышанные, чуждые навеки,
Как будто всё, с чем я внутри себя
Всю жизнь боролась, получило жизнь
Отдельную и воплотилось в эти
Слепые стены, в этот черный сад...
А в ту минуту за плечом моим
Мой бывший дом еще следил за мною
Прищуренным, неблагосклонным оком,
Тем навсегда мне памятным окном.
Пятнадцать лет — пятнадцатью веками
Гранитными как будто притворились,
Но и сама была я как гранит:
Теперь моли, терзайся, называй
Морской царевной. Всё равно. Не надо...
Но надо было мне себя уверить,
Что это всё случалось много раз,
И не со мной одной — с другими тоже,
И даже хуже. Нет, не хуже — лучше.
И голос мой — и это, верно, было
Всего страшней — сказал из темноты:
«Пятнадцать лет назад какой ты песней
Встречала этот день, ты небеса,
И хоры звезд, и хоры вод молила
Приветствовать торжественную встречу
С тем, от кого сегодня ты ушла...

Так вот твоя серебряная свадьба:
Зови ж гостей, красуйся, торжествуй!»

Март 1942
Ташкент

(2)

DIE ZWEITE

Nun liegst du vor mir, herbstlich-öde Landschaft,
Vor der ich bangte all mein Lebtag lang:
Des Himmels Abgrund flammt, und das Gemurmel
Der Stadt, als stamme es aus andern Welten,
Fremd bleibt es mir für alle Ewigkeit.
Wogegen ich zeitlebens mich empörte,
Hat – trügt der Schein nicht – ein Gesicht gewonnen,
Ein eigenes, und ist Gestalt geworden
In blinden Mauern und im schwarzen Garten . . .
Doch hinter meinen Schultern sah mir nach
In jener Stunde mein verlaßnes Haus
Aus halbgeschloßnem, ungewognem Auge,
Dem Fenster, das ich nie vergessen kann.
Ihr fünfzehn Jahre, plötzlich truget ihr
Die Maske des basaltenen Jahrtausends,
Doch auch ich selbst schien aus Granit zu sein:
Fleh nur, zerquäl dich, nenn mich Meereszarin.
Gleichgültig ists, vergiß, es tut nicht not . . .
Doch eins tat not mir: klaren Augs zu sehen:
Daß all dies vielmals schon geschehen war
Nicht mir allein – auch andern, ärger noch
Als mir – nein, ärger nicht, nur tiefer.
Und dann – und dies war wohl das Schrecklichste –
Sprach meine Stimme aus der Dunkelheit:
„Mit welchem Lied hast du vor fünfzehn Jahren
Nicht diesen Tag begrüßt und hast den Himmel
Und Stern- und Meereschöre angefleht,
Sie möchten festlich die Begegnung feiern
Mit ihm, den heute du verlassen hast . . .

Hier hast du deine Silberhochzeit: Lade
Die Gäste ein und stell dein Glück zur Schau!“

März 1942
Taschkent

(3)

ТРЕТЬЯ

Меня, как реку,
Суровая эпоха повернула.
Мне подменили жизнь. В другое русло,
Мимо другого потекла она,
И я своих не знаю берегов.
О, как я много зрелищ пропустила,
И занавес вздымался без меня
И так же падал. Сколько я друзей
Своих ни разу в жизни не встречала,
И сколько очертаний городов
Из глаз моих могли бы вызвать слезы,
А я один на свете город знаю
И ощупью его во сне найду.
И сколько я стихов не написала,
И тайный хор их бродит вкруг меня,
И, может быть, еще когда-нибудь
Меня задушит. . .
Мне ведомы начала и концы,
И жизнь после конца, и что-то,
О чем теперь не надо вспоминать.
И женщина какая-то мое
Единственное место заняла,
Мое законнейшее имя носит,
Оставивши мне кличку, из которой
Я сделала, пожалуй, всё, что можно.
Я не в свою, увы, могилу лягу.
. . . .
Но если бы откуда-то взглянула
Я на свою теперешнюю жизнь,
Узнала бы я зависть наконец. . .

2 сентября 1945
Ленинград

(3)

DIE DRITTE

Wie einen Flußlauf hat
Mich umgelenkt die steinerne Epoche.
Mein Leben ward vertauscht. In einem andern Bett
Strömt es hinab, vorbei an fremden Hängen,
Und meine eignen Ufer kenn ich nicht.
Oh, wieviel Stücke habe ich versäumt,
Und immer hob sich ohne mich der Vorhang
Und fiel herab. Wie vielen meiner Freunde
Bin ich in meinem Leben nie begegnet
Und wieviel Städte hätten mich zu Tränen
Gerührt im Weichbild ihrer Silhouetten.
Nur eine Stadt kenn ich auf dieser Welt
Und könnte blind im Schlafe sie ertasten.
Und wieviel Verse hab ich nicht geschrieben,
Und ihr geheimer Chor umringt mein Lager.
Mag sein, daß eines dunklen Tages er
Auslöscht mein Leben . . .
Vertraut sind Anbeginn und Ende mir
Und Leben nach dem Ende und ein Etwas,
Das zu erinnern voll Verhängnis wäre.
Und irgendeine Unbekannte hat
Mir meinen angestammten Platz genommen
Und trägt den Namen, der der meine ist,
Mir selber einen falschen überlassend,
Aus dem ich schuf, was zu erschaffen war.
In fremdem Grab werd ich, geklagt seis, liegen.
. . . .
Doch wenn von dorther ich hinüberschaute
Zu meinem jetzigen, so fremden Leben,
Erführe ich, was Neid, was Mißgunst heißt.

2. September 1945
Leningrad

(4)

ЧЕТВЕРТАЯ

Есть три эпохи у воспоминаний.
И первая — как бы вчерашний день.
Душа под сводом их благословенным,
И тело в их блаженствует тени.
Еще не замер смех, струятся слезы,
Пятно чернил не стерто со стола, —
И, как печать на сердце, поцелуй,
Единственный, прощальный, незабвенный. . .
Но это продолжается недолго. . .
Уже не свод над головой, а где-то
В глухом предместье дом уединенный,
Где холодно зимой, а летом жарко,
Где есть паук и пыль на всем лежит,
Где истлевают пламенные письма,
Исподтишка меняются портреты,
Куда как на могилу ходят люди,
А возвратившись, моют руки мылом,
И стряхивают беглую слезинку
С усталых век — и тяжело вздыхают. . .
Но тикают часы, весна сменяет
Одна другую, розовеет небо,
Меняются названья городов,
И нет уже свидетелей событий,
И не с кем плакать, не с кем вспоминать.
И медленно от нас уходят тени,
Которых мы уже не призываем,
Возврат которых был бы страшен нам.
И, раз проснувшись, видим, что забыли
Мы даже путь в тот дом уединенный,
И, задыхаясь от стыда и гнева,
Бежим туда, но (как во сне бывает)
Там всё другое: люди, вещи, стены,
И нас никто не знает — мы чужие.
Мы не туда попали. . . Боже мой!
И вот когда горчайшее приходит:
Мы сознаем, что не могли б вместить
То прошлое в границы нашей жизни,

(4)

DIE VIERTE

Drei Stadien kennen die Erinnerungen.
Das erste gleicht dem jüngstvergangnen Tag.
Die Seele unter gnadenvollem Himmel;
Der Leib genießt beseligt ihren Schatten.
Noch ist das Lachen nicht erstorben, Tränen rinnen;
Der Tintenfleck ist nicht vom Tisch gerieben,
Der Kuß – als Siegel auf das Herz gedrückt –
Der einzige im Abschied, unvergeßlich . . .
Nicht lange währt es . . .
Kein Himmel birgt uns mehr, nur irgendwo
In öder Vorstadt ein verwaistes Haus,
Eisend im Winter und im Sommer brütend,
Asyl der Spinnen und des Staubs, wo Briefe,
Einst flammend, nun vermodernd, wo Porträts
Sich insgeheim verwandeln und wo Menschen
Ins Haus hineingehn wie in einen Friedhof
Und sich, zurückgekehrt, die Hände waschen,
Und eine unbedachte Träne streifen
Von ihren Lidern sie – und seufzen schwer . . .
Die Uhr tickt weiter, und ein Frühjahr gibt
Den andern Raum. Rubinrot glänzt der Himmel,
Und Städte wechseln ihre Namen, und
Die Zeugen dessen, was geschah, sind tot,
Und niemand tauscht mit uns Erinnerungen
Und weint mit uns. Die Schatten gehn und schwinden.
Nicht dürfen wir sie bitten umzukehren,
Denn furchtbar träf uns, kehrten sie zurück.
Einmal erwachen wir, und wir erkennen,
Daß wir den Weg dorthin vergessen haben,
Und laufen, atemlos vor Scham und Zorn,
Zu jenem Haus, – doch wie so oft im Traum –
Ist alles anders: Menschen, Dinge, Mauern.
Und niemand kennt und liebt uns – wir sind Fremde
Am fremden Ort. Wir gingen fehl . . . O Gott!
Und dann erst kommt das Bitterste: wir sehen,
Daß wir in unsres Lebens Grenzen nicht
Jene Vergangenheit zu halten wußten,

И нам оно почти что так же чуждо,
Как нашему соседу по квартире,
Что тех, кто умер, мы бы не узнали,
А те, с кем нам разлуку бог послал,
Прекрасно обошлись без нас — и даже
Всё к лучшему. . .

5 февраля 1945
Ленинград

(ДОПОЛНЕНИЯ)

⟨5⟩

⟨О ДЕСЯТЫХ ГОДАХ⟩

И никакого розового детства. . .
Веснушечек, и мишек, и кудряшек,
И добрых теть, и страшных дядь, и даже
Приятелей средь камешков речных.
Себе самой я с самого начала
То чьим-то сном казалась или бредом,
Иль отраженьем в зеркале чужом,
Без имени, без плоти, без причины.
Уже я знала список преступлений,
Которые должна я совершить.
И вот я, лунатически ступая,
Вступила в жизнь и испугала жизнь:
Она передо мною стлалась лугом,
Где некогда гуляла Прозерпина,
Передо мной, безродной, неумелой,
Открылись неожиданные двери,
И выходили люди, и кричали:
«Она пришла, она пришла сама!»
А я на них глядела с изумленьем
И думала: «Они с ума сошли!»
И чем сильней они меня хвалили,
Чем мной сильнее люди восхищались,

Daß sie uns fast so fremd geworden ist
Wie jenen, die mit uns das Haus bewohnen,
Daß wir die Toten nimmermehr erkennten,
Daß die, von denen Gott uns trennte, glänzend
Zu leben wußten ohne uns, und daß
Zum Besten war, was je an uns geschah . . .

5. Februar 1945
Leningrad

(ERGÄNZUNGEN)

(5)

(ÜBER DAS ZWEITE JAHRZEHNT)

Und nichts von einer rosenfarbnen Kindheit . . .
Mit Sommersprossen, Spielzeug, Teddybären
Und guten Feen und Onkeln, furchterregend.
Nicht einmal bei den Kieseln Freunde findend,
Sah ich als irgendeinen Traum mein Leben
Von Kindheit an, als Trugbild oder Wahn,
Als Spiegelbild in einem fremden Spiegel,
Bleich, wesenlos und ohne Grund und Namen.
Schon kannte ich die Tafel aller Frevel,
Die zu vollenden mir bestimmt war. Und
Schlafwandelnd und unsichren Schrittes trat ich
Ins Leben ein, das tief vor mir erschrak:
Gleich jener Wiese lag es ausgebreitet,
Die einst Proserpina im Spiel betrat.
Vor mir, der Unbeholfnen, Heimatlosen,
Tat Tor um Tor sich auf in stumpfer Mauer,
Und Menschen traten vor die Tür und riefen:
„Gekommen ist sie! – Sie ist selbst gekommen!"
Ich aber sah sie voll Erstaunen an.
„Sie sind von Sinnen", dachte ich bei mir
Und fand, je mehr sie mich mit Lob umgaben,
Je stärker rings die Menschen ich entzückte,

Тем мне страшнее было в мире жить
И тем сильней хотелось пробудиться,
И знала я, что заплачу сторицей
В тюрьме, в могиле, в сумасшедшем доме,
Везде, где просыпаться надлежит
Таким, как я, — но длилась пытка счастьем.

4 июля 1955
Москва

(6)

В том доме было очень страшно жить,
И ни камина свет патриархальный,
Ни колыбелька моего ребенка,
Ни то, что оба молоды мы были
И замыслов исполнены. . .
Не уменьшало это чувство страха.
И я над ним смеяться научилась,
И оставляла капельку вина
И крошки хлеба для того, кто ночью
Собакою царапался у двери
Иль в низкое заглядывал окошко,
В то время как мы, замолчав, старались
Не видеть, что творится в зазеркалье,
Под чьими тяжеленными шагами
Стонали темной лестницы ступени,
Как о пощаде жалостно моля.
И говорил ты, странно улыбаясь:
«Кого *они* по лестнице несут?»

Теперь ты там, где знают всё, скажи:
Что в этом доме жило кроме нас?

1921
Царское Село

Es desto ärger, in der Welt zu leben,
Und wünschte mir so sehnlich zu erwachen,
Und wußte, büßen müßt ich tausendfach
Im Irrenhaus, im Grab, in der Kátorga,
Wo es uns auferlegt ist zu erwachen.
Doch treu blieb mir die Folterung, das Glück.

4. Juli 1955
Moskau

(6)

Erschreckend wars, in jenem Haus zu wohnen,
Und weder des Kamins vertrautes Licht
Und weder meines Kindes Wiege, noch
Daß beide jung wir und voll Pläne waren,
Vermochte
Zu mindern je die lastende, die Furcht.
Ich aber lernte, über sie zu lachen,
Und ließ zurück stets einen Tropfen Wein
Und einen Kanten Brot für ihn, der nachts
Hineinsah durch die engen Fenster oder
Kratzte am Türholz wie ein Hund, und während,
Verstummt längst, wir uns mühten, nicht zu sehen,
Was in der Welt geschah, jenseits der Spiegel,
Und unter wessen lastend schweren Schritten
Die dunklen Stufen auf der Treppe stöhnten,
Als flehten weinerlich um Gnade sie.
Zuweilen sagtest seltsam lächelnd du:
„Wen tragen ‚sie' wohl über unsre Treppe?"

Nun lebst du dort, wo alles offenbar ist,
Sag, was hat außer uns im Haus gelebt?

1921
Zarskoje Selo

«Тайны ремесла»

1

ТВОРЧЕСТВО

Бывает так: какая-то истома;
В ушах не умолкает бой часов;
Вдали раскат стихающего грома.
Неузнанных и пленных голосов
Мне чудятся и жалобы и стоны,
Сужается какой-то тайный круг,
Но в этой бездне шепотов и звонов
Встает один, всё победивший звук.
Так вкруг него непоправимо тихо,
Что слышно, как в лесу растет трава,
Как по земле идет с котомкой лихо. . .
Но вот уже послышались слова
И легких рифм сигнальные звоночки, —
Тогда я начинаю понимать,
И просто продиктованные строчки
Ложатся в белоснежную тетрадь.

5 ноября 1936

2

Мне ни к чему одические рати
И прелесть элегических затей.
По мне, в стихах всё быть должно некстати,
Не так, как у людей.

Когда б вы знали, из какого сора
Растут стихи, не ведая стыда,
Как желтый одуванчик у забора,
Как лопухи и лебеда.

Сердитый окрик, дегтя запах свежий,
Таинственная плесень на стене. . .
И стих уже звучит, задорен, нежен,
На радость вам и мне.

21 января 1940

Berufsgeheimnisse

1

DAS GEDICHT

Mattigkeit manchmal, oder wie erschöpft;
Der Schlag der Uhren will nicht aus dem Ohr,
Abflauend grollt, schon fern, Donner.
Und dann wie Klageruf, oder wie Stöhnen,
Und welcher Stimmen, unerkannt, gefangen,
Geheimnis, und ein Kreis wird immer enger,
Doch aus dem Grund von Flüstern und Geklirr
Erhebt ein Laut sich und besiegt sie alle.
Und rings um ihn so unabänderlich still,
Daß man wie Gras im Wald wächst hört, oder das Böse
Von Land zu Land ziehn mit dem Bettelsack . . .
Doch da schon Worte, wie geboren, kaum,
Signal: der zarte Klingelton des Reims –
Und nun Beginn, fast, ich versteh, hör, seh:
Es legen sich die vordiktierten Zeilen
Einfach und schwarz aufs reine Weiß des Hefts.

5. November 1936

2

Was sollen mir der Oden endloses Heer,
Der sanfte Klang verschlungener Elegien . . .
Ich sage: ins Gedicht gehört das Unerhörte,
Nicht wie's bei den Leuten ist.

Und wüßten Sie, wie ohne jede Scham
Gedichte wachsen, und aus welchem Müll!
Wie durch das Zaunloch gelber Löwenzahn,
Wie Melde und Dill.

Ein ärgerlicher Ruf, frischer Geruch von Teer,
Geheimnisvoller Schimmel an der Wand . . .
Und unverschämt und zärtlich tönt der Vers,
Ihnen und mir zum Spaß.

21. Januar 1940

3

МУЗА

Как и жить мне с этой обузой,
А еще называют Музой,
Говорят: «Ты с ней на лугу. . .»
Говорят: «Божественный лепет. . .»
Жестче, чем лихорадка, оттреплет,
И опять весь год ни гу-гу.

4

ПОЭТ

Подумаешь, тоже работа —
Беспечное это житье:
Подслушать у музыки что-то
И выдать шутя за свое.

И, чье-то веселое скерцо
В какие-то строки вложив,
Поклясться, что бедное сердце
Так стонет средь блещущих нив.

А после подслушать у леса,
У сосен, молчальниц на вид,
Пока дымовая завеса
Тумана повсюду стоит.

Налево беру и направо,
И даже, без чувства вины,
Немного у жизни лукавой,
И всё — у ночной тишины.

Лето 1959
Комарово

3

DIE MUSE

Wie nur leb ich mit dieser Last,
Und sie nennens noch MUSE, das,
Sie sagen: In Wiesen Inspiration,
Sie sagen: Göttliches Lallen –
Sie wird dich wie Fieber befallen,
Und dann wieder ein Jahr lang kein Ton.

4

DER DICHTER

Denk an, das nennt sich nun Arbeit,
Ein sorgloses Leben, ja –
Einer Musik etwas abhörn
Und sagen: das hab ich gemacht.

Und, wenn man jemandes Scherzo
In ein paar Zeilen schlägt,
Beschwörn, daß das arme Herze
In den blühenden Fluren stöhnt.

Und dann den Wald belauschen,
Die schweigsamen Kiefern sehn,
Solang überall der graue
Vorhang des Nebels weht –

Von links, von rechts – ich nehme
Und ohne Schuldgefühl
Vom arglistigen Leben ein wenig,
Den Rest von der nächtlichen Stille.

Sommer 1959
Komarowo

5

ЧИТАТЕЛЬ

Не должен быть очень несчастным
И, главное, скрытным. О нет!
Чтоб быть современнику ясным,
Весь настежь распахнут поэт.

И рампа торчит под ногами,
Всё мертвенно, пусто, светло,
Лайм-лайта холодное пламя
Его заклеймило чело.

А каждый читатель как тайна,
Как в землю закопанный клад,
Пусть самый последний, случайный,
Всю жизнь промолчавший подряд.

Там всё, что природа запрячет,
Когда ей угодно, от нас.
Там кто-то беспомощно плачет
В какой-то назначенный час.

И сколько там сумрака ночи,
И тени, и сколько прохлад,
Там те незнакомые очи
До света со мной говорят,

За что-то меня упрекают
И в чем-то согласны со мной. . .
Так исповедь льется немая,
Беседы блаженнейший зной.

Наш век на земле быстротечен
И тесен назначенный круг,
А он неизменен и вечен —
Поэта неведомый друг.

Лето 1959
Комарово

5

DER LESER

Und nicht zu tief im Unglück
Sei er, und ja nicht verschlossen –
Daß er den Lebenden klar ist
Steht der Dichter, ein Tor, sperrweit offen.

Zu den Füßen ragt die Rampe,
Alles tot, leer, klirrendes Licht –
Des Limelight kalte Flamme
Zeichnete sein Gesicht.

Und jeder Leser ist wie ein Geheimnis,
Wie ein vergrabener Schatz.
Wärs der letzte, wär es einer,
Der sein Lebtag geschwiegen hat.

Dort ist alles, was uns die Erde,
Wann immer sie will verbirgt.
Dort weint jemand, einer, hilflos
Zur Stunde, die angesetzt ist.

Und wieviel dort nächtliche Schatten,
Und Finsternisse, und kühl.
Doch die Augen, die unbekannten,
Reden mit mir bis zum Licht.

Für das eine sind sie voll Zweifel,
Für das andere loben sie mich . . .
So fließt die stumme Beichte,
Die seligste Glut des Gesprächs.

Unsre Zeit geht auf Erden eilig
Und eng ist der Ring gelegt.
Doch er, unwandelbar, ewig,
Bleibt: ohne Namen, der Freund des Poeten.

Sommer 1959
Komarowo

6

ПОСЛЕДНЕЕ СТИХОТВОРЕНИЕ

Одно, словно кем-то встревоженный гром,
С дыханием жизни врывается в дом,
Смеется, у горла трепещет,
И кружится, и рукоплещет.

Другое, в полночной родясь тишине,
Не знаю откуда крадется ко мне,
Из зеркала смотрит пустого
И что-то бормочет сурово.

А есть и такие: средь белого дня,
Как будто почти что не видя меня,
Струятся по белой бумаге,
Как чистый источник в овраге.

А вот еще: тайное бродит вокруг —
Не звук и не цвет, не цвет и не звук,
Гранится, меняется, вьется,
А в руки живым не дается.

Но это!... по капельке выпило кровь,
Как в юности злая девчонка — любовь,
И, мне не сказавши ни слова,
Безмолвием сделалось снова.

И я не знавала жесточе беды.
Ушло, и его протянулись следы
К какому-то крайнему краю,
А я без него... умираю.

1 декабря 1959
Ленинград

6

DAS LETZTE GEDICHT

Eins – wie Donner, von jemandem aufgeschreckt –
Bricht ins Haus mit dem Wind von der Straße und legt
Um den Hals sich, springt gegen die Wände,
Tanzt, lacht, und klatscht in die Hände.

Ein andres, in Stille und Mitternacht
Geboren, schleicht zu mir weißichwoher sacht
Und blickt aus dem Spiegel, dem leeren,
Böse brabbelnd im Ungefähren.

Und dann sind welche: bei weißestem Licht,
Und beinahe so, als sähn sie mich nicht,
Strudeln sie über den weißen Bogen
Wie Bergwasser schnell ins Tiefe gezogen.

Oder: geheimnisvoll treibt sich eins um,
Nicht Laut und nicht Farbe, umrißlos, stumm,
Blitzt, wandelt, windet sich im Verlangen,
Und läßt sich lebendig nicht fangen.

Doch dies . . .! Es trank Tropfen um Tropfen mein Blut,
Wies die Liebe, das garstige Mädchen, tut,
Und – ohne ein Wort mir zu zeigen –
Wurde wieder zu schweigen.

Und kein schlimmeres Leid war mir anzutun:
Es ging – und da führn seine Spuren nun
Zum äußersten Rand, ins Verderben,
Und ohne es muß ich sterben.

1. Dezember 1959
Leningrad

7

ЭПИГРАММА

Могла ли Биче, словно Дант, творить,
Или Лаура жар любви восславить?
Я научила женщин говорить...
Но, боже, как их замолчать заставить!

1958

8

ПРО СТИХИ

Владимиру Нарбуту

Это — выжимки бессонниц,
Это — свеч кривых нагар,
Это — сотен белых звонниц
Первый утренний удар...
Это — теплый подоконник
Под черниговской луной,
Это — пчелы, это — донник,
Это — пыль, и мрак, и зной.

Апрель 1940
Москва

9

Осипу Мандельштаму

О, как пряно дыханье гвоздики,
Мне когда-то приснившейся там —
Там, где кружатся Эвридики,
Бык Европу везет по волнам;
Там, где наши проносятся тени,
Над Невой, над Невой, над Невой;
Там, где плещет Нева о ступени, —
Это пропуск в бессмертие твой.

1957

7

EPIGRAMM

Und Beatrice – schuf sie wie Dante Verse?
Berühmte Laura je der Liebe Glut?
Nun lehrte ich die Frauen sprechen . . .
Wie bringt man sie zum Schweigen, großer Gott?

1958

8

VON DEN VERSEN

Für Wladimir Narbut

Sie – die Trester der Schlaflosigkeiten,
Sie – des Kerzenstumpfs krummer Docht,
Sie – von Türmen, weißen und weiten,
Der Schlag früh, der dröhnt und pocht . . .
Sie – das Fensterbrett, das warme
Unterm tschernigower Mond,
Die Bienen, der Klee, der arme
Staub, Nacht, Gluthitze, die thront.

April 1940
Moskau

9

Für Ossip Mandelstam

O wie gewürzt der Atem der Nelke,
Die mir dort im Traum erschien,
Wo Eurydiken sich drehn, wo auf Wellen
Der Stier Europa entführt;
Dort, wo unsere Schatten fliegen
Überm Fluß, überm Fluß, überm Fluß;
Wo die Newa schwappt ans Granitene –
Zur Unsterblichkeit dein Propusk.

1957

10

Многое еще, наверно, хочет
Быть воспетым голосом моим:
То, что, бессловесное, грохочет,
Иль во тьме подземный камень точит,
Или пробивается сквозь дым.
У меня не выяснены счеты
С пламенем, и ветром, и водой...
Оттого-то мне мои дремоты
Вдруг такие распахнут ворота
И ведут за утренней звездой.

1942
Ташкент

10

Vieles bleibt noch meiner nicht-mehr-hellen
Stimme, das besungen sein will auch:
Was da sprachlos brüllt wie Meer und Wellen,
Oder muß im Tiefen Steine höhlen,
Oder was sich schlägt durch Nacht und Rauch.
Noch hab ich die Rechnung zu begleichen
Mit der Glut, dem Wasser und dem Wind . . .
Deshalb öffnen mir auch meine bleichen
Stunden jetzt das Tor zu solchen Reichen,
Wo des Frühsterns scharfe Strahlen sind.

1942
Taschkent

Не стращай меня грозной судьбой
И великою северной скукой.
Нынче праздник наш первый с тобой,
И зовут этот праздник — разлукой.
Ничего, что не встретим зарю,
Что луна не блуждала над нами,
Я сегодня тебя одарю
Небывалыми в мире дарами:
Отраженьем моим на воде
В час, как речке вечерней не спится,
Взглядом тем, что падучей звезде
Не помог в небеса возвратиться,
Эхом голоса, что изнемог,
А тогда был и свежий и летний, —
Чтоб ты слышать без трепета мог
Воронья подмосковного сплетни,
Чтобы сырость октябрьского дня
Стала слаще, чем майская нега...
Вспоминай же, мой ангел, меня,
Вспоминай хоть до первого снега.

15 октября 1959
Ярославское шоссе

Nicht mit dem drohenden Schicksal erschreck
Mich und der großen nördlichen Leere.
Feiern wir heut unser einziges Fest,
Trennung heißt dieses Fest und: entbehre!
Ach, es macht nichts, daß des Morgenrots Gruß
Niemals wir sehn, daß den Mond wir nicht hatten:
Ich will dich heute beschenken mit nie
Dagewesenen Gaben:
Mit meinem Bild auf dem spiegelnden Fluß
Zu jener Stunde, wo seinen Schlaf
Das Wasser nicht findet, und mit jenem Blick,
Der einer Sternschnuppe nicht dazu verhalf,
Wieder zurück in den Himmel zu finden.
Und mit dem Echo der Stimme, erschöpft,
Und die doch einmal den Sommer gesehen,
Daß ohne zu zittern vernehmen du kannst
Den Klatsch des Gesindels der Moskauer Krähen.
Und daß die Nässe des Tags im Oktober
Süßer noch werde als zärtlicher Mai . . .
Denke an mich, du mein Engel, gedenke
Mein bis zum ersten Fallen des Schnees.

15. Oktober 1959
Jaroslawler Chaussee

ТРИ СТИХОТВОРЕНИЯ

1

Пора забыть верблюжий этот гам
И белый дом на улице Жуковской.
Пора, пора к березам и грибам,
К широкой осени московской.
Там всё теперь сияет, всё в росе,
И небо забирается высоко,
И помнит Рогачевское шоссе
Разбойный посвист молодого Блока. . .

1944—1950

2

И, в памяти черной пошарив, найдешь
До самого локтя перчатки,
И ночь Петербурга И в сумраке лож
Тот запах и душный, и сладкий.

И ветер с залива. А там, между строк,
Минуя и ахи и охи,
Тебе улыбнется презрительно Блок —
Трагический тенор эпохи.

1960 (?)

DREI GEDICHTE

1

Zeit nun die Kamelschreie zu vergessen,
Das weiße Haus in der Shukowskistraße.
Zeit, höchste Zeit zu Birken und zu Pilzen,
Zum großen Moskauer Herbst zu gehn.
Dort glänzt jetzt alles, badet sich im Tau,
Der Himmel klettert unerhört nach oben,
Und die Chaussee nach Rogatschow erinnert sich
Des Räuberpfiffs vom jungen Blok . . .

1944–1950

2

Und suchtest im dunklen Gedächtnis, und findest
Handschuhe bis zum Ellenbogen
Und Petersburger Nacht. Und die Logen
Mit süßen, erstickten Gerüchen.

Und Wind weht vom Meer. Und zwischen den Zeilen
Über den Schmähsprüchen, überm Lob
Lächelt dir Blok verächtlich zu,
Tragischer Tenor der Epoche.

1960 (?)

3

Он прав — опять фонарь, аптека,
Нева, безмолвие, гранит. . .
Как памятник началу века,
Там этот человек стоит —
Когда он Пушкинскому Дому,
Прощаясь, помахал рукой
И принял смертную истому
Как незаслуженный покой.

7 июня 1946

3

Und er hat recht. Laterne, Apotheke,
Die Newa, Schweigen, Granit . . .
Ein Denkmal des Jahrhundertanfangs
Steht dieser Mensch dort, steht:
Wie er dem Puschkin-Haus am Ufer
Lebewohl zuwinkte mit der Hand
Und dann die Mattigkeit, den Tod
Als unverdiente Ruhe annahm.

7. Juni 1946

ИЗ «ЧЕРНЫХ ПЕСЕН»

Слова, чтоб тебя оскорбить. . .
И. Анненский

1

Прав, что не взял меня с собой
И не назвал своей подругой,
Я стала песней и судьбой,
Ночной бессонницей и вьюгой.
Меня бы не узнали вы
На пригородном полустанке
В той молодящейся, увы,
И деловитой парижанке.

2

Всем обещаньям вопреки
И перстень сняв с моей руки,
Забыл меня на дне. . .
Ничем не мог ты мне помочь.
Зачем же снова в эту ночь
Свой дух прислал ко мне?
Он строен был, и юн, и рыж,
Он женщиною был,
Шептал про Рим, манил в Париж,
Как плакальщица выл. . .
Он больше без меня не мог:
Пускай позор, пускай острог. . .

Я без него могла.

1961
Комарово

AUS DEN „SCHWARZEN LIEDERN“

Worte, um dich zu verletzen . . .
I. Annenski

1

Daß du mich nicht mitgenommen
Und deine Freundin nicht genannt –
Du hattest recht: ich bin zum Lied geworden,
Zum Schicksal, schlaflos, schneeverbrannt . . .
Ihr würdet niemals mich erkennen
Auf dem Perron des Vorortbahnhofs in
Der sich auf jung gemachten, hélas,
Und sachlichen Pariserin.

2

Allen Versprechungen zum Trotz
Und nachdem du den Ring genommen
Von meiner Hand – vergessen
Hast du mich bis zum letzten Grund.
Du konntest mir in dieser Stunde
Durch nichts mehr helfen. Was indessen
Hat deinen Geist zu mir geschickt
In dieser Nacht? Er schien mir jünger,
Rothaarig, schlank, und ich erblickt
Als Frau ihn, die mit dünner Stimme
Mich nach Paris und Rom gelockt.
Er heulte wie ein Klageweib.
Er konnte nicht mehr ohne mich –
Ob Schande oder Zuchthaus, gleich . . .

Ich habe ohne ihn gekonnt.

1961
Komarowo

РОДНАЯ ЗЕМЛЯ

И в мире нет людей бесслезней,
Надменнее и проще нас.
1922

В заветных ладанках не носим на груди,
О ней стихи навзрыд не сочиняем,
Наш горький сон она не бередит,
Не кажется обетованным раем,
Не делаем ее в душе своей
Предметом купли и продажи,
Хворая, бедствуя, немотствуя на ней,
О ней не вспоминаем даже.
  Да, для нас это грязь на калошах,
  Да, для нас это хруст на зубах.
  И мы мелем, и месим, и крошим
  Тот ни в чем не замешанный прах.
Но ложимся в нее и становимся ею,
Оттого и зовем так свободно — своею.

1961
Ленинград. Больница в Гавани

HEIMATERDE

Doch niemand auf der Welt ist tränenloser,
Hochmütiger und einfacher als wir.

1922

Wir tragen sie nicht an Kettchen um den Hals,
Wir schluchzen über sie nicht Verse, endlos lange.
Sie nimmt uns nicht den bittren, unsern Schlaf,
Sie scheint uns nicht das lang verheißene Land.
Wir schlagen sie nicht für die Seele
Zum Gegenstand von Ankauf und Verkauf,
Und wenn wir krank, bedrängt und elend auf ihr leben,
Nimmt keiner sie in seine Träume auf.
  Ja, für uns ist das Dreck an Galoschen,
  Ja, für uns ist das, was knirscht auf dem Zahn.
  Und wir mahlen und trampeln und schlucken
  Diesen Staub, schuldlos und uralt.
Doch weil wir uns in sie legen und sie werden,
Nennen wir sie so leicht: unsere Erde.

1961
Leningrad. Krankenhaus in Gawan

Царскосельская ода

Девятисотые годы

А в переулке забор дощать

Настоящую оду
Нашептало. . . Постой,
Царскосельскую одурь
Прячу в ящик пустой,
В роковую шкатулку,
В кипарисный ларец,
А тому переулку
Наступает конец.
Здесь не Темник, не Шуя —
Город парков и зал,
Но тебя опишу я,
Как свой Витебск — Шагал.
Тут ходили по струнке,
Мчался рыжий рысак,
Тут еще до чугунки
Был знатнейший кабак.
Фонари на предметы
Лили матовый свет,
И придворной кареты
Промелькнул силуэт.
Так мне хочется, чтобы
Появиться могли
Голубые сугробы
С Петербургом вдали.
Здесь не древние клады,
А дощатый забор,
Интендантские склады
И извозчичий двор.

Die Ode von Zarskoje Selo
Um 1900

Und in der Gasse ist ein Bretterzaun ...

Eine richtige Ode
Sprach flüsternd mir: Wart,
Ich steck die Verrücktheit,
Die gelähmt diese Stadt,
In die Leere der Lade,
Den Zypressenholzschrein,
Und es wird jener Gasse
Ein Ende auch sein.
Nicht Tjemnik, nicht Schuja –
Sondern Festsäle, Parks ...
Stadt, ich will dich beschreiben
Wie Chagall sein Witebsk.
Ein fuchsroter Traber,
Hier stand man stramm,
Sehr berühmt war die Kneipe
Vorm Eisenbahndamm.
Es verströmten Laternen
Mattweißes Licht,
Einer Hofkutsche Schatten –
Vorübergewischt.
Daß hellblaue Schneewehn
Mit Petersburg fern
Zu sehen sein könnten,
Möchte ich gern.
Hier sind keine Schätze,
Ein Bretterzaun nur,
Ein Kutscherhof, Speicher
Der Intendantur.

Шепелявя неловко
И с грехом пополам,
Молодая чертовка
Там гадает гостям.
Там солдатская шутка
Льется, желчь не тая. . .
Полосатая будка
И махорки струя.

Драли песнями глотку
И клялись попадьей,
Пили допоздна водку,
Заедали кутьей.
Ворон криком прославил
Этот призрачный мир. . .
А на розвальнях правил
Великан-кирасир.

3 августа 1961
Комарово

Und ungeschickt lispelnd,
Mit wenig Verstand,
Liest Luzifers Schwester
Dem Gast aus der Hand.
Dort fließt ein Soldaten-
Witz bitter-banal . . .
O Schilderhausstreifen,
Vom Machorka ein Strahl.

Mit Liedern zerriß man
Die Kehlen, schwur – ach –
Der Popin, trank Wodka
Und aß Kutja nach.
Der Rabe verherrlicht
Die Trugwelt . . . Und hier
Lenkte den Schlitten
Ein Kürassier.

3. August 1961
Komarowo

Шиповник цветет

Из сожженной тетради

And thou art distant in Humanity.
*Keats**

Вместо праздничного поздравленья
Этот ветер, жесткий и сухой,
Принесет вам только запах тленья,
Привкус дыма и стихотворенья,
Что моей написаны рукой.

24 декабря 1961

1

СОЖЖЕННАЯ ТЕТРАДЬ

Уже красуется на книжной полке
Твоя благополучная сестра,
А над тобою звездных стай осколки,
И под тобою угольки костра.
Как ты молила, как ты жить хотела,
Как ты боялась едкого огня!
Но вдруг твое затрепетало тело,
А голос, улетая, клял меня.
И сразу все зашелестели сосны
И отразились в недрах лунных вод.
А вкруг костра священнейшие весны
Уже вели надгробный хоровод.

1961

* А ты находишься далеко среди людей. Китс (англ.) — Ред.

Die Heckenrose blüht

Aus einem verbrannten Heft

*And thou art distant in Humanity.**
Keats

Statt daß zum Feiertag ich Grüße an euch richte,
Bringt dieser harte, trockne Wind
Euch den Geruch von dem, was längst zunichte,
Den Beigeschmack des Rauchs und die Gedichte,
Die von der eignen Hand geschrieben sind.

24. Dezember 1961

1

DAS VERBRANNTE HEFT

Schon glänzt inmitten sie der Bücherreihen,
Die Schwester, die kein Unglück hat versehrt,
Doch du liegst unter den unendlich freien
Gestirnen in der Glut, die dich verzehrt.
Du hast gefleht: wie sehr wolltest du leben,
Des Feuers Beize füllte dich mit Furcht!
Doch da begann dein Leib plötzlich zu beben,
Und deine Stimme, fliegend, sie hat mich verflucht.
Da rauschten alle Kiefern, und sie neigten
Über den mondbeglänzten Spiegel sich.
Und um den Holzstoß tanzten ihre Totenreigen
Die Frühlinge, heilig und feierlich.

1961

* (engl.) – Und du bist fern unter den Menschen.

2

НАЯВУ

И время прочь, и пространство прочь,
Я всё разглядела сквозь белую ночь:
И нарцисс в хрустале у тебя на столе,
И сигары синий дымок,
И то зеркало, где, как в чистой воде,
Ты сейчас отразиться мог.
И время прочь, и пространство прочь. . .
Но и ты мне не можешь помочь.

13 июня 1946

3

ВО СНЕ

Черную и прочную разлуку
Я несу с тобою наравне.
Что ж ты плачешь? Дай мне лучше руку,
Обещай опять прийти во сне.
Мне с тобою как горе с горою. . .
Мне с тобой на свете встречи нет.
Только б ты полночною порою
Через звезды мне прислал привет.

15 февраля 1946

2

IN WIRKLICHKEIT

Fort ist die Zeit und fort ist der Raum,
Und mir gelangs durch die weiße Nacht
Die Narzisse zu sehn bei dir im Kristall,
Wie auch den blauen Zigarrenrauch.
Und auch jenen Spiegel, wie Wasser klar,
In dem du ungetrübt sahest dein Bild.
Fort ist die Zeit und fort ist der Raum . . .
Doch helfen kannst auch du mir nicht.

13. Juni 1946

3

IM TRAUM

Schwarze Trennung, immerwährend, trage
Ich mit dir gemeinsam. Ach, du weinst?
Gib mir lieber deine Hand und sage,
Daß du wieder mir im Traum erscheinst.
Wie die Berge, die nicht zueinander
Kommen, scheint es mir mit dir: Für uns
Gibts auf dieser Welt kein Miteinander.
Doch ein Stern, mag sein, schickt deinen Gruß.

15. Februar 1946

4

ПЕРВАЯ ПЕСЕНКА

Таинственной невстречи
Пустынны торжества,
Несказанные речи,
Безмолвные слова.
Нескрещенные взгляды
Не знают, где им лечь.
И только слезы рады,
Что можно долго течь.
Шиповник Подмосковья,
Увы! при чем-то тут...
И это всё любовью
Бессмертной назовут.

1956

5

ДРУГАЯ ПЕСЕНКА

Несказанные речи
Я больше не твержу,
Но в память той невстречи
Шиповник посажу.

Как сияло там и пело
Нашей встречи чудо,
Я вернуться не хотела
Никуда оттуда.
Горькой было мне усладой
Счастье вместо долга,
Говорила с кем не надо,
Говорила долго.
Пусть влюбленных страсти душат,
Требуя ответа,
Мы же, милый, только души
У предела света.

1956

4

ERSTES LIEDCHEN

Der geheimen Nichtbegegnung
Triumph – er sei beklagt:
Unausgesprochene Sätze
Und Worte, nie gesagt.
Die Blicke, die sich nicht trafen,
Wissen nicht wohin.
Und froh sind nur die Tränen,
Die fließen und fließen, blind.
Die Moskauer Heckenrose
Hat – leider! – damit zu tun . . .
Und das alles werden sie nennen
Unsterbliche Liebe nun.

1956

5

EIN ANDERES LIEDCHEN

Die Sätze, niemals ausgesprochen –
Ich sag sie nicht mehr her für mich.
Doch jener Nichtbegegnung zum Gedenken
Pflanz eine Heckenrose ich.

Ach, wie glänzte dort und sang
Unserer Begegnung Wunder,
Niemals wollte ich von dort
Wiederkehrn, wohin auch immer.
Bittre Süße war für mich
Dort das Glück anstatt der Pflichten,
Lange sprach mit jenem ich,
Mit dem ich nicht sprechen durfte.
Solln von mir aus die Verliebten
An der Leidenschaft ersticken,
Antwort heischend – wir sind, Liebster,
Seelen nur am Weltenende.

1956

6

СОН

Сладко ль видеть неземные сны?
А. Блок

Был вещим этот сон или не вещим. . .
Марс воссиял среди небесных звезд,
Он алым стал, искрящимся, зловещим, —
А мне в ту ночь приснился твой приезд.

Он был во всем. . . И в баховской Чаконе,
И в розах, что напрасно расцвели,
И в деревенском колокольном звоне
Над чернотой распаханной земли.

И в осени, что подошла вплотную
И вдруг, раздумав, спряталась опять.
О август мой, как мог ты весть такую
Мне в годовщину страшную отдать!

Чем отплачу за царственный подарок?
Куда идти и с кем торжествовать?
И вот пишу, как прежде без помарок,
Мои стихи в сожженную тетрадь.

14 августа 1956
Под Коломной

7

По той дороге, где Донской
Вел рать великую когда-то,
Где ветер помнит супостата,
Где месяц желтый и рогатый, —
Я шла, как в глубине морской. . .
Шиповник так благоухал,
Что даже превратился в слово,
И встретить я была готова
Моей судьбы девятый вал.

6

DER TRAUM

Zeigt sich das Jenseits mild?
A. Blok

Prophetisch oder nicht war dieser Traum . . .
Der Mars erstrahlte zwischen allen Sternen,
Glutrot geworden, funkelnd, unheildrohend –
Doch ich in jener Nacht erträumte dich.

Du warst in allem . . . Warst in Bachs Chaconne,
Warst in den Rosen, die umsonst erblühten,
Warst in den Dörfern selbst im Glockenton
Über der Schwärze aufgepflügter Erde.

Und auch im Herbst, der schon ganz nahe war,
Und plötzlich sich verbarg, anderen Sinns,
O mein August, wie konntest solche Kunde
An diesem schlimmen Jahrestag du bringen!

Womit kann ich bezahlen dies Geschenk?
Mit wem und wo kann diesen Sieg ich feiern?
So schreib ins reine ich, wie immer schon,
Meine Gedichte ins verbrannte Heft.

14. August 1956
Bei Kolomna

7

Die Straße dort, wo einst Donskoi
Die große Streitmacht führte, wo der Wind
Sich auf den Widersacher jäh besinnt,
Wo gelb der Mond und zweigehörnt
Am Himmel steht, ging ich wie in des Meeres Tiefe . . .
Die Heckenrose duftete so sehr,
Daß sie sogar sich in ein Wort
Verwandelte, – ich war bereit,
Der neunten Woge meines Schicksals zu begegnen.

8

Ты выдумал меня. Такой на свете нет,
Такой на свете быть не может.
Ни врач не исцелит, ни утолит поэт, —
Тень призрака тебя и день и ночь тревожит.
Мы встретились с тобой в невероятный год,
Когда уже иссякли мира силы,
Всё было в трауре, всё никло от невзгод,
И были свежи лишь могилы.
Без фонарей как смоль был черен невский вал,
Глухая ночь вокруг стеной стояла. . .
Так вот когда тебя мой голос вызывал!
Что делала — сама еще не понимала.
И ты пришел ко мне, как бы звездой ведом,
По осени трагической ступая,
В тот навсегда опустошенный дом,
Откуда унеслась стихов сожженных стая.

18 августа 1956
Старки

9

В РАЗБИТОМ ЗЕРКАЛЕ

Непоправимые слова
Я слушала в тот вечер звездный,
И закружилась голова,
Как над пылающею бездной.
И гибель выла у дверей,
И ухал черный сад, как филин,
И город, смертно обессилен,
Был Трои в этот час древней.
Тот час был нестерпимо ярок
И, кажется, звенел до слез.
Ты отдал мне не тот подарок,
Который издалека вез.

8

Du hast mich ausgedacht. Denn eine solche Frau
Kann es auf dieser Welt nicht geben.
Dich heilt kein Arzt, kein Dichter stillt
Dir deine Sehnsucht, denn du wirst getrieben
Vom Schatten des Phantoms bei Tag und Nacht.
Wir sind begegnet uns in jenem Jahr,
Dem unwahrscheinlichen, als schon
Die Kräfte dieser Welt versiegten,
Als alles Trauer trug, vom Leid gebrochen war,
Und nur die Gräber triumphierten.
Die Newawelle war laternenlos und schwarz,
Stocktaube Nacht wie eine Mauer ragte . . .
So war es, als dich meine Stimme rief!
Und ich begriff nicht, was ich tat und sagte.
Als hätte dich ein Stern geführt, kamst du zu mir,
Durch diesen Herbst, den tragischen, ins leere,
Für alle Ewigkeit verlaßne Haus,
Aus dem ein Schwarm davonflog der verbrannten Verse.

18. August 1956
Starki

9

IM ZERBROCHENEN SPIEGEL

Den Worten, die nicht gutzumachen,
Hört ich an diesem klaren Abend zu.
Mir wurde schwindlig, und es brannte
Ein Abgrund lodernd unter mir.
Und vor der Türe heulte das Verderben.
Wie Eulenruf der Garten, schwarz.
Die Stadt, entkräftet, lag im Sterben,
Noch älter als das alte Troja, jetzt.
In dieser unerträglich hellen Nacht,
Die schluchzte, scheint es, bis zu Tränen,
Gabst du mir das Geschenk nicht, das
Du aus der Fremde mitgebracht.

Казался он пустой забавой
В тот вечер огненный тебе.
И стал он медленной отравой
В моей загадочной судьбе.
И он всех бед моих предтеча, —
Не будем вспоминать о нем!. . .
Несостоявшаяся встреча
Еще рыдает за углом.

1956

10

Ты опять со мной, подруга осень!
Ин. Анненский

Пусть кто-то еще отдыхает на юге
И нежится в райском саду.
Здесь северно очень — и осень в подруги
Я выбрала в этом году.

Живу, как в чужом, мне приснившемся доме,
Где, может быть, я умерла,
Где странное что-то в вечерней истоме
Хранят для себя зеркала.

Иду между черных приземистых елок,
Там вереск на ветер похож,
И светится месяца тусклый осколок,
Как старый зазубренный нож.

Сюда принесла я блаженную память
Последней невстречи с тобой —
Холодное, чистое, легкое пламя
Победы моей над судьбой.

1956
Комарово

Es schien dir nur ein leeres Spiel
An jenem Abend, feuerflammend,
Doch in mein rätselhaftes Schicksal fiel
Wie Gift es ein, das langsam wirkte.
Es prophezeite meine Schicksalsschläge –
Sich seiner noch erinnern, ach, wozu?
Das Treffen, das nie stattgefunden,
Schluchzt immer noch, dort an der Ecke.

1956

10

Du bist wieder bei mir, Freund Herbst!
I. Annenski

Wenn auch noch mancher sich erholt im Süden
Und sich im Paradiese wohlig quält –
Hier ist es nördlich, und den Herbst zum Freunde
Hab ich in diesem Jahre mir erwählt.

Ich lebe wie in einem fremden Hause,
Das mir im Traum erschien und in dem ich
Vielleicht gestorben bin und wo die Spiegel
Am Abend Seltsamkeiten aufbewahrn für sich.

Ich gehe zwischen schwarzen kleinen Fichten,
Dem Winde ähnlich ist das Heidekraut dort sehr,
Des Mondes trübe Scherbe – wie ein Messer,
So alt und schartig leuchtet sie. Hierher

Hab ich gebracht das selige Gedenken
An unser letztes Nichtbegegnen, Freund, mit dir –
Die kühle, reine, ach so leichte Flamme
Des Sieges übers Schicksal, hier.

1956
Komarowo

11

Против воли я твой, царица,
берег покинул.
«Энеида», песнь 6

Не пугайся, — я еще похожей
Нас теперь изобразить могу.
Призрак ты — иль человек прохожий,
Тень твою зачем-то берегу.

Был недолго ты моим Энеем, —
Я тогда отделалась костром.
Друг о друге мы молчать умеем.
И забыл ты мой проклятый дом.

Ты забыл те, в ужасе и в муке,
Сквозь огонь протянутые руки
И надежды окаянной весть.

Ты не знаешь, что́ тебе простили. . .
Создан Рим, плывут стада флотилий,
И победу славословит лесть.

1962
Комарово

12

Ты стихи мои требуешь прямо. . .
Как-нибудь проживешь и без них.
Пусть в крови не осталось и грамма,
Не впитавшего горечи их.

Мы сжигаем несбыточной жизни
Золотые и пышные дни,
И о встрече в небесной отчизне
Нам ночные не шепчут огни.

11

Gegen meinen Willen, Königin,
habe ich dein Land verlassen.
Vergil, Aeneis 6,460

Erschrick nicht – denn ich kann in dieser Stunde
Uns beide ähnlich sehen wie noch nie.
Ob du ein Geist bist, ein Passant – aus irgendeinem Grunde
Bewahr ich deinen Schatten auf, denn sieh:

Du warst nicht lange damals mein Aeneas. –
Ein Scheiterhaufen reichte für mich aus.
Ja, wir verstehen es, uns zu verschweigen.
Vergessen hast du mein verfluchtes Haus.

Du hast vergessen die in Qual und Grauen
Durchs Feuer ausgestreckten Hände und die Stimmen
Der Hoffnung, die verruchten. Mit Vertrauen

Hat man verziehen dir – du weißt es nicht. Vorbei ...
Rom ist erschaffen. Und es schwimmen
Flottillen. Und den Sieg preist Schmeichelei.

1962
Komarowo

12

Du verlangst mein Gedicht unumwunden ...
Doch du lebst auch, wenn kein Vers mehr brennt.
Wenn im Blut jetzt kein Gramm auch mehr sein mag,
Das das Bittre der Strophen nicht kennt.

Wir verbrennen des irrealn Lebens
Goldnen und prunkvollen Tag,
Doch von einer Begegnung im Himmel
Flüstern nicht uns die Lichter der Nacht.

И от наших великолепий
Холодочка струится волна,
Словно мы на таинственном склепе
Чьи-то, вздрогнув, прочли имена.

Не придумать разлуку бездонней,
Лучше б сразу тогда — наповал. . .
И, наверное, нас разлученней
В этом мире никто не бывал.

1962
Москва

13

И это станет для людей
Как времена Веспасиана,
А было это — только рана
И муки облачко над ней.

18 декабря 1964. Ночь
Рим

Und von unserem Reichtum verströmt sich
Einer Welle kühlender Duft,
So, als läsen erschauernd wir Namen
Auf einer verwitterten Gruft.

Nichts endgültiger als diese Trennung.
Dann schon lieber zu Boden gestreckt . . .
Und wahrscheinlich hat hier auf Erden
Niemand getrennter gelebt.

1962
Moskau

13

Und werden für die Menschen wird
Dies wie des Vespasianus Zeiten.
Dabei war dies nur eine Wunde
Und über ihr ein Wölkchen Qual.

18. Dezember 1964. Nacht
Rom

ПАМЯТИ В. С. СРЕЗНЕВСКОЙ

Почти не может быть, ведь ты была всегда:
В тени блаженных лип, в блокаде и в больнице,
В тюремной камере и там, где злые птицы,
И травы пышные, и страшная вода.
О, как менялось всё, но ты была всегда,
И мнится, что души отъяли половину,
Ту, что была тобой, — в ней знала я причину
Чего-то главного. И всё забыла вдруг. . .
Но звонкий голос твой зовет меня оттуда
И просит не грустить и смерти ждать, как чуда.
Ну что ж! попробую.

9 сентября 1964
Комарово

W. S. SRESNEWSKAJA ZUM GEDENKEN

Fast kann es ja nicht sein – du warst ja stets bei mir:
Im Glück der Linden und in den Blockadejahren,
Selbst im Gefängnis und wo böse Vögel waren
Und wilde Gräser und das Wasser giftig schier.
Wie änderte sich das – du aber warst bei mir.
Jetzt aber ist mir so, als ob die halbe Seele
Mir weggenommen wär, die, welche du gewesen –
In ihr sah ich den Grund, erkannte ich den Sinn.
Mit einem Male hab ich alles dies vergessen ...
Doch deine Stimme ruft von dort und bittet mich,
Daß ich nicht trauern soll und daß den Tod ich
Als Wunder soll erwarten.
Ich wills versuchen. Gut.

9. September 1964
Komarowo

Полночные стихи
Семь стихотворений

Только зеркало зеркалу снится,
Тишина тишину сторожит. . .
Решка

ВМЕСТО ПОСВЯЩЕНИЯ

По волнам блуждаю и прячусь в лесу,
Мерещусь на чистой эмали,
Разлуку, наверно, неплохо снесу,
Но встречу с тобою — едва ли.

Лето 1963

1

ПРЕДВЕСЕННЯЯ ЭЛЕГИЯ

. . . toi qui m'as consolée.
Gerard de Nerval *

Меж сосен метель присмирела,
Но, пьяная и без вина,
Там, словно Офелия, пела
Всю ночь нам сама тишина.

А тот, кто мне только казался,
Был с той обручен тишиной,
Простившись, он щедро остался,
Он насмерть остался со мной.

10 марта 1963
Комарово

* . . .ты, который утешил меня. Жерар де Нерваль (франц.). — Ред.

Mitternachtsgedichte
Sieben Gedichte

Es sieht im Traum nur der Spiegel den Spiegel,
Die Stille die Stille bewacht . . .
Kehrseite

STATT EINER WIDMUNG

Ich schweif auf den Wellen umher und versteck mich im
Wald,
Auf reiner Emaille erschein ich,
Die Trennung ertrag ich wahrscheinlich nicht schlecht,
Doch kaum die Begegnung mit dir.

Sommer 1963

1

VORFRÜHLINGSELEGIE

*. . . toi qui m'as consolée.**
Gerhard de Nerval

Der Schneesturm verstummte zwischen den Kiefern,
Doch trunken, auch ganz ohne Wein,
Sang dort, wie Ophelia, die Stille
Die Nacht lang für uns ganz allein.

Und jener, der mir dort erschienen,
War mit jener Stille verlobt,
Nach dem Abschied – großzügig blieb er,
Blieb er bei mir bis zum Tod.

10. März 1963
Komarowo

* (franz.) – . . . du, der mich tröstete.

2

ПЕРВОЕ ПРЕДУПРЕЖДЕНИЕ

Какое нам, в сущности, дело,
Что всё превращается в прах,
Над сколькими безднами пела
И в скольких жила зеркалах.
Пускай я не сон, не отрада
И меньше всего благодать,
Но, может быть, чаще, чем надо,
Придется тебе вспоминать —
И гул затихающих строчек,
И глаз, что скрывает на дне
Тот ржавый колючий веночек
В тревожной своей тишине.

6 июля 1963
Москва

3

В ЗАЗЕРКАЛЬЕ

O quae beatam, Diva, tenes Cyprum et Memphis . . .
*Hor.**

Красотка очень молода,
Но не из нашего столетья,
Вдвоем нам не бывать — та, третья,
Нас не оставит никогда.
Ты подвигаешь кресло ей,
Я щедро с ней делюсь цветами. . .
Что делаем — не знаем сами,
Но с каждым мигом нам страшней.
Как вышедшие из тюрьмы,
Мы что-то знаем друг о друге
Ужасное. Мы в адском круге,
А может, это и не мы.

5 июля 1963
Комарово

* О, богиня, которая владычествует над счастливым Кипром и Мемфисом. Гор(аций) (лат.). — Ред.

2

DIE ERSTE MAHNUNG

Was kümmert uns eigentlich, daß sich
Einst alles verwandelt in Staub,
Wie oft über Abgründen sang ich,
In Spiegeln hab oft ich gelebt.
Bin sicher kein Traum, keine Freude,
Am wenigsten Glück oder Trost
Doch öfter vielleicht noch als nötig
Erinnerst du dich noch an das
Getöse verstummender Zeilen,
Ans Auge, das tief hat versteckt
Das rostige, stachlige Kränzchen
Im Schweigen, von Unrast bewegt.

6. Juli 1963
Moskau

3

IM LAND HINTER DEM SPIEGEL

*O quae beatam, Diva, tenes Cyprum et Memphis . . .**
Hor.

Die Schöne, sie ist noch sehr jung,
Doch nicht aus unserem Jahrhundert,
Zu zweit sind wir nie mehr, die Dritte
Läßt nie mehr uns allein.
Du rückst den Sessel ihr, ich geb
Ihr meine Blumen hin. Was tun –
Wir wissens nicht, doch uns wird banger
Mit jedem Augenblick.
Wie Haftentlassne wissen wir
Vom andern Schreckliches. Wir leben
In einem Höllenkreis und hoffen,
Daß wir es gar nicht sind.

5. Juli 1963
Komarowo

* (lat.) – O Göttin, die über das glückliche Zypern und Memphis herrscht . . .

4

ТРИНАДЦАТЬ СТРОЧЕК

И наконец ты слово произнес
Не так, как те. . . что на одно колено, —
А так, как тот, кто вырвался из плена
И видит сень священную берез
Сквозь радугу невольных слез.
И вкруг тебя запела тишина,
И чистым солнцем сумрак озарился,
И мир на миг один преобразился,
И странно изменился вкус вина.
И даже я, кому убийцей быть
Божественного слова предстояло,
Почти благоговейно замолчала,
Чтоб жизнь благословенную продлить.

8—12 августа 1963

5

ЗОВ

В которую-то из сонат
Тебя я спрячу осторожно.
О! как ты позовешь тревожно,
Непоправимо виноват
В том, что приблизился ко мне
Хотя бы на одно мгновенье. . .
Твоя мечта — исчезновенье,
Где смерть лишь жертва тишине.

1 июля 1963

4

DREIZEHN KLEINE ZEILEN

Und endlich hast du das eine Wort
Hervorgebracht, nicht so, wie jene, auf Knien ...
Sondern wie einer, der sich befreit
Und durch den Regenbogen der Tränen hindurch
Den heiligen Schutz der Birken sieht.
Um dich fing die Stille zu singen an,
Als die Dunkelheit in der Sonne erstrahlte
Und für einen Moment sich verwandelt die Welt
Und der Wein seltsam schmeckte und anders.
Sogar ich, die des Mords man bezichtigt,
Der bevorstand das göttliche Wort,
Schwieg, um zu verlängern das Leben,
Das gesegnete, andächtig fast.

8.–12. August 1963

5

RUF

In irgendeiner Sonate
Versteck ich dich voller Geduld.
Wie wirst du beunruhigt rufen
Mit nicht mehr gut zu machender Schuld,
Indem du dich mir genähert,
Und seis nur für einen Moment ...
Dein Traum, das ist das Verschwinden,
Wo der Tod nur die Stille noch kennt.

1. Juli 1963

6

НОЧНОЕ ПОСЕЩЕНИЕ

Все ушли, и никто не вернулся.

Не на листопадовом асфальте
Будешь долго ждать.
Мы с тобой в Адажио Вивальди
Встретимся опять.
Снова свечи станут тускло-желты
И закляты сном,
Но смычок не спросит, как вошел ты
В мой полночный дом.
Протекут в немом смертельном стоне
Эти полчаса,
Прочитаешь на моей ладони
Те же чудеса.
И тогда тебя твоя тревога,
Ставшая судьбой,
Уведет от моего порога
В ледяной прибой.

10—13 сентября 1963
Комарово

7

И ПОСЛЕДНЕЕ

Была над нами, как звезда над морем,
Ища лучом девятый смертный вал.
Ты называл ее бедой и горем,
А радостью ни разу не назвал.

Днем перед нами ласточкой кружила,
Улыбкой расцветала на губах,
А ночью ледяной рукой душила
Обоих разом. В разных городах.

6

DER NÄCHTLICHE BESUCH

Alle gingen, keiner kam zurück.

Auf dem Asphalt, dem laubbedeckten,
Wirst nicht lange du stehn,
In einem Adagio Vivaldis
Werden wir uns wieder sehn.
Wieder mattgelb die Kerzen
Und beschworen vom Schlaf,
Der Bogen fragt nicht, wie du ins Haus,
Ins mitternächtliche, kamst.
Im Todesstöhnen, im stummen,
Wird diese Stunde vergehn,
In meiner Hand wirst du lesen,
Dieselben Wunder dann sehn.
Und dann wird die Unruhe wieder,
Die dein Schicksal ist dir,
Dich wegführen von meiner Schwelle
Ins eiskalt brandende Meer.

10.–13. September 1963
Komarowo

7

UND DAS LETZTE

Und über uns war sie, ein Stern des Meeres,
Die neunte Woge suchend mit dem Strahl,
Du nanntest Unglück sie, oder auch Kummer,
Doch Freude nanntest du sie nicht ein Mal.

Am Tage kreiste sie vor uns als Schwalbe,
Sie blühte lächelnd auf den Lippen leis,
Sie würgte nachts uns in verschiedenen Städten
Auf einmal mit der Hand von kaltem Eis.

И, никаким не внемля славословьям,
Перезабыв все прежние грехи,
К бессоннейшим припавши изголовьям,
Бормочет окаянные стихи.

23—25 июля 1963

ВМЕСТО ПОСЛЕСЛОВИЯ

А там, где сочиняют сны,
Обоим — разных не хватило,
Мы видели один, но сила
Была в нем, как приход весны.

1965

Und jeden Lobgesang beiseite lassend,
Vergessend alle frühren Sünden, sich
An Häupter, schlaflose wie nie, anpressend,
Hört man sie murmeln ihr verfluchtes Gedicht.

23.–25. Juli 1963

STATT EINES NACHWORTS

Doch dort, wo man Schlafträume macht,
Dort wollts für uns beide nicht reichen,
Wir träumten den Traum zwar, den gleichen,
Doch wie ein Frühling war in ihm Kraft.

1965

ПОЭМА БЕЗ ГЕРОЯ

Триптих

1940—1962

*Deus conservat omnia**

(Девиз в гербе Фонтанного Дома)

* Бог хранит всё (лат.). — Ред.

POEM OHNE HELD

Triptychon
1940–1962

*Deus conservat omnia**
(Wahlspruch im Wappen des „Fontanny dom")

* (lat.) – Gott bewahrt alles. – – (Sofern es sich nicht um Übersetzungen handelt und falls nicht anders vermerkt, sind die Fußnoten zum „Poem ohne Held" Anmerkungen Anna Achmatowas.)

ВМЕСТО ПРЕДИСЛОВИЯ

Иных уж нет, а те далече.

Первый раз она пришла ко мне в Фонтанный Дом в ночь на 27 декабря 1940 г., прислав, как вестника, еще осенью один небольшой отрывок («Ты в Россию пришла ниоткуда. . .»).

Я не звала ее. Я даже не ждала ее в тот холодный и темный день моей последней ленинградской зимы.

Ее появлению предшествовало несколько мелких и незначительных фактов, которые я не решаюсь назвать событиями.

В ту ночь я написала два куска первой части («1913») и «Посвящение». В начале января я почти неожиданно для себя написала «Решку», а в Ташкенте (в два приема) — «Эпилог», ставший третьей частью поэмы, и сделала несколько существенных вставок в обе первые части.

Я посвящаю эту поэму памяти ее первых слушателей — моих друзей и сограждан, погибших в Ленинграде во время осады.

Их голоса я слышу и вспоминаю их, когда читаю поэму вслух, и этот тайный хор стал для меня навсегда оправданием этой вещи.

8 апреля 1943
Ташкент

До меня часто доходят слухи о превратных и нелепых толкованиях «Поэмы без героя». И кто-то даже советует мне сделать поэму более понятной.

Я воздержусь от этого.

STATT EINES VORWORTS

Und einige sind schon nicht mehr,
Die andern aber, sie sind fern.
Puschkin

Zum erstenmal kam es zu mir in das *Fontanny dom* in der Nacht auf den 27. Dezember 1940, nachdem es schon im Herbst ein kleines Stück („Nach Rußland bist du gekommen / Von nirgendwoher ...") als Vorboten geschickt hatte.
Ich hatte es nicht gerufen. Ich hatte es nicht einmal erwartet an jenem kalten und dunklen Tag meines letzten Leningrader Winters.
Seinem Erscheinen waren einige kleine und unbedeutende Fakten vorausgegangen, die als Ereignisse zu bezeichnen ich mich nicht entschließen kann.
In jener Nacht schrieb ich zwei Stücke des ersten Teils („1913") und die „Widmung", Anfang Januar, fast unerwartet für mich, die „Kehrseite" und in Taschkent (in zwei Anläufen) den Epilog, der später zum dritten Teil des Poems wurde, sowie einige wesentliche Einschübe für die beiden ersten Teile.
Ich widme dieses Poem dem Andenken seiner ersten Zuhörer – meinen Freunden und Mitbürgern, die während der Belagerung in Leningrad den Tod gefunden haben.
Ihre Stimmen höre ich, und ihrer gedenke ich, wenn ich das Poem vortrage, und dieser unsichtbare Chor ist für mich eine Rechtfertigung dieser Arbeit geworden.

8. April 1943
Taschkent

Zu mir gelangen oft Gerüchte von irrigen und törichten Deutungen des „Poems ohne Held". Und einige Leute raten mir sogar, das Poem verständlicher zu machen.
Davon werde ich Abstand nehmen.

Никаких третьих, седьмых, двадцать девятых смыслов поэма не содержит.
Ни изменять ее, ни объяснять я не буду.
«Еже писахъ — писахъ.»

Ноябрь 1944
Ленинград

27 декабря 1940
ПОСВЯЩЕНИЕ

. . . .
. . .а так как мне бумаги не хватило,
я на твоем пишу черновике.
И вот чужое слово проступает
и, как тогда снежинка на руке,
доверчиво и без упрека тает.
И темные ресницы Антиноя[1]
вдруг поднялись — и там зеленый дым,
и ветерком повеяло родным. . .
Не море ли?
Нет, это только хвоя
могильная, и в накипаньи пен
всё ближе, ближе. . .
Marche funèbre*. . .
Шопен. . .

Ночь
Фонтанный Дом

* Траурный марш (франц.). — Ред.

Das Poem enthält keinerlei dritten, siebten oder neunundzwanzigsten Sinn.
Ich werde es weder abändern noch interpretieren.
„Quod scripsi, scripsi."*

November 1944
Leningrad

27. Dezember 1940
WIDMUNG

....
Und weil ich kein Papier mehr habe, schreibe
Ich dies auf deinem Manuskript, und sieh:
Ein fremdes Wort erscheint, das längst verblich,
Und taut, wie damals jene Flocke Schnee
Auf deiner Hand, ganz still und zutraulich.
Die dunklen Wimpern des Antinoos[1] ** –
Sie haben sich gehoben, grüner Rauch,
Und da: ein Wehen, heimatlich vertraut ...
Das Meer vielleicht?
Nein, Friedhofsgrün und Moos ...
Und wie im Schaum aufbrodelnd, näher, näher ...
Der Marche funèbre ...***
Frederyk Chopin ...

Nacht
Fontanny dom

* (lat.) – Was ich geschrieben habe, habe ich geschrieben.
** Hier und im folgenden Text des „Poems ohne Held" weisen die Ziffern auf die „Anmerkungen des Redakteurs" (d. h. der Achmatowa) am Schluß des Poems.
*** (franz.) – Trauermarsch.

ВТОРОЕ ПОСВЯЩЕНИЕ

О. С.

Ты ли, Путаница-Психея,[2]
Черно-белым веером вея,
Наклоняешься надо мной,
Хочешь мне сказать по секрету,
Что уже миновала Лету
И иною дышишь весной.
Не диктуй мне, сама я слышу:
Теплый ливень уперся в крышу,
Шепоточек слышу в плюще.
Кто-то маленький жить собрался,
Зеленел, пушился, старался
Завтра в новом блеснуть плаще.
Сплю —
она одна надо мною, —
Ту, что люди зовут весною,
Одиночеством я зову.
Сплю — мне снится молодость наша,
Та, ЕГО миновавшая чаша;
Я ее тебе наяву,
Если хочешь, отдам на память,
Словно в глине чистое пламя
Иль подснежник в могильном рву.

25 мая 1945
Фонтанный Дом

ZWEITE WIDMUNG

Für O. S.

Bist du es, Verwirrerin-Psyche,[2]
Die sich mit schwarz-weißem Fächergeraschel
Über mich beugt,
Und die mit vertraulicher Rede
Mir sagen will, daß sie schon die Lethe
Hinter sich ließ, anderem Frühling vertraut?
Diktiere mir nichts, ich höre den Regen:
Wieder stemmt er dem Dach sich entgegen
Und flüstert im Efeu mit zärtlichem Ton.
Ein Winziges hat jetzt begonnen zu leben,
Hat Knospen getrieben, sich Mühe gegeben,
Morgen im neuen Mantel zu stehn.
Ich schlafe –
und über mir ist er allein, –
Der, den die Menschen Frühling sich nennen,
Und der für mich Einsamkeit heißt.
Ich schlafe –
im Traum von der Jugend umfangen,
Und SEINEN Kelch, der vorübergegangen,
Ich werd, wenn du willst,
Zum Angedenken ihn dir überreichen,
So mag er der Flamme im Öllämpchen gleichen
Oder dem Schneeglöckchen auf deinem Grab.

25. Mai 1945
Fontanny dom

ТРЕТЬЕ И ПОСЛЕДНЕЕ

(Le jour des rois)*[3]

Раз в Крещенский вечерок. . .

Полно мне леденеть от страха,
Лучше кликну Чакону Баха,
А за ней войдет человек,
Он не станет мне милым мужем,
Но мы с ним такое заслужим,
Что смутится Двадцатый Век.
Я его приняла случайно
За того, кто дарован тайной,
С кем горчайшее суждено,
Он ко мне во дворец Фонтанный
Опоздает ночью туманной
Новогоднее пить вино.
И запомнит Крещенский вечер,
Клен в окне, венчальные свечи
И поэмы смертный полет. . .
Но не первую ветвь сирени,
Не кольцо, не сладость молений —
Он погибель мне принесет.

1956

ВСТУПЛЕНИЕ

ИЗ ГОДА СОРОКОВОГО,
КАК С БАШНИ, НА ВСЕ ГЛЯЖУ.
КАК БУДТО ПРОЩАЮСЬ СНОВА
С ТЕМ, С ЧЕМ ДАВНО ПРОСТИЛАСЬ,
КАК БУДТО ПЕРЕКРЕСТИЛАСЬ
И ПОД ТЕМНЫЕ СВОДЫ СХОЖУ.

25 августа 1941
Осажденный Ленинград

* День царей (франц.). — Ред.

DRITTE UND LETZTE WIDMUNG

(Le jour des rois)[3]

Am Dreikönigsabend einst . . .
Shukowski

Will nicht länger mehr Eis sein vor Furcht und Gewimmer,
Ruf mir lieber die Bachsche Chaconne in mein Zimmer,
Und dann wird erscheinen ein Mensch.
Nicht zur Ehe will ich ihn gewinnen,
Doch wir zwei werden etwas vollbringen,
Das dieses Jahrhundert beschämt.
Vielleicht wollt in ihm ich jenen nur denken,
Der einem geschenkt wird von den Sakramenten,
Durch die man das Bitterste teilt.
Zu mir in das Haus mit dem Springbrunnen* kommen
Wird er zu spät, wenn, im Nebel verschwommen,
Die Nacht ihren Neujahrswein trank.
Den Dreikönigsabend behält er im Herzen,
Den Ahorn vorm Fenster, die Hochzeitskerzen,
Den Flug des Poems in den Tod . . .
Doch wird er den ersten Flieder noch bringen,
Kein süßes Flehen und auch nicht die Ringe,
Nur Verderben bringt er mir mit.

1956

EINLEITUNG

Ich seh aus dem vierzigsten Jahr
wie von einem Turm auf alles herab,
so, als nähme ich wieder Abschied von dem,
wovon ich mich längst verabschiedet hab,
als hätte ich mich bekreuzigt
und ginge in einem dunklen Gewölbe.

25. August 1941
Belagertes Leningrad

* Fontanny dom.

ЧАСТЬ ПЕРВАЯ

Девятьсот тринадцатый год

Петербургская повесть

Di rider finirai
Pria dell' aurora.
*„Don Giovanni"**

ГЛАВА ПЕРВАЯ

Новогодний праздник длится пышно,
Влажны стебли новогодних роз.
«Четки»

С Татьяной нам не ворожить.
«Онегин»

Новогодний вечер. Фонтанный Дом. К автору, вместо того, кого ждали, приходят тени из тринадцатого года под видом ряженых. Белый зеркальный зал. Лирическое отступление — «Гость из будущего». Маскарад. Поэт. Призрак.

Я зажгла заветные свечи,
Чтобы этот светился вечер,
И с тобой, ко мне не пришедшим,
Сорок первый встречаю год.
Но. . .
Господняя сила с нами!
В хрустале утонуло пламя,
«И вино, как отрава, жжет».**
Это всплески жесткой беседы,
Когда все воскресают бреды,
А часы всё еще не бьют. . .
Нету меры моей тревоге,
Я сама, как тень на пороге,
Стерегу последний уют.

* Смеяться перестанешь / Раньше, чем наступит заря. «Дон Жуан» (итал.). — Ред.
** Отчего мои пальцы словно в крови / И вино, как отрава, жжёт? («Новогодняя баллада», 1923 г.)

ERSTER TEIL

Das Jahr Neunzehnhundertunddreizehn

Petersburger Erzählung

Di rider finirai
*Pria dell' aurora.**
„Don Giovanni"

ERSTES KAPITEL

Prunkvoll zieht das Neujahrsfest sich hin,
Und der Neujahrsrosen Stiele glänzen feucht.
„Rosenkranz"

Die Zukunft mit Tatjana zu befragen –
Leider wirds uns niemals möglich sein.
„Onegin"

Silvester. Fontanny dom. Zum Autor kommen an Stelle dessen, der erwartet wurde, Schatten aus dem Jahre dreizehn in Gestalt von Masken. Weißer Spiegelsaal. Lyrische Abschweifung – „Gast aus der Zukunft". Maskerade. Der Dichter. Geistererscheinung.

Die heilig gehüteten Kerzen
Hab ich entzündet, und in ihrem Schein
Begrüß ich mit dir, der nicht gekommen,
Das Jahr einundvierzig.
Doch . . .
Gott steh uns bei! Im Kristall
Ist die Flamme ertrunken. „Wie Gift
Brennt der Wein."**
Es schwappen die Fetzen strenger Gespräche,
Wo die Alpträume wieder erstehn,
Aber immer noch schlägt keine Uhr . . .
Meine Unruhe kennt keine Grenzen,
Als Schatten bewach ich
Auf der Schwelle den Ort meiner Zuflucht.

* (ital.) – Dir wird das Lachen vergehen, noch bevor der Morgen graut.

** Wovon sind meine Finger wie blutüberströmt / und brennt der Wein wie Gift? („Neujahrsballade", 1923). Es handelt sich um ein Selbstzitat. (Der Verlag)

И я слышу звонок протяжный,
И я чувствую холод влажный,
Каменею, стыну, горю. . .
И, как будто припомнив что-то,
Повернувшись вполоборота,
Тихим голосом говорю:
«Вы ошиблись: Венеция дожей —
Это рядом. . . Но маски в прихожей
И плащи, и жезлы, и венцы
Вам сегодня придется оставить.
Вас я вздумала нынче прославить,
Новогодние сорванцы!»
Этот Фаустом, тот Дон Жуаном,
Дапертутто[4], Иоканааном[5],
Самый скромный — северным Гланом
Иль убийцею Дорианом,
И все шепчут своим дианам
Твердо выученный урок.
А для них расступились стены,
Вспыхнул свет, завыли сирены
И как купол вспух потолок.
Я не то что боюсь огласки. . .
Что мне Гамлетовы подвязки,
Что мне вихрь Саломеиной пляски,
Что мне поступь Железной Маски,
Я еще пожелезней тех. . .
И чья очередь испугаться,
Отшатнуться, отпрянуть, сдаться
И замаливать давний грех?
Ясно всё:
Не ко мне, так к кому же?*
Не для них здесь готовился ужин,
И не им со мной по пути.
Хвост запрятал под фалды фрака. . .
Как он хром и изящен!. . .
Однако
Я надеюсь, Владыку Мрака
Вы не смели сюда ввести?

* Три «к» выражают замешательство автора.

Und höre langtönendes Läuten,
Spür feuchtnasse Kälte, versteinre,
Erstarre und brenne . . .
Und als hätt ich mich wieder erinnert,
Halb den Ankömmlingen zugewandt,
Sag ich mit leiserer Stimme:
„Ihr habt euch geirrt – das Venedig der Dogen
Ist nebenan . . . Doch der Platz
Für die Masken und Mäntel, die Stäbe und Kronen
Wird heut im Vorzimmer sein.
Euch will heute ich preisen,
Ihr Neujahrsgäste, ihr tollen:
Dieser ein Faust, ein Don Juan der andre,
Ein Dappertutto,[4] Jochanaan[5] und
Ein bescheidener Glahn aus dem Norden
Oder der Mörder Dorian Gray.
Und alle flüstern ins Ohr den Dianen
Ihre mit Fleiß gelernte Lektion.
Für sie traten auseinander die Wände,
Sirenen heulten und Licht flammte auf,
Wie eine Kuppel hob sich die Decke.
Nicht daß ich fürchte, dies käm unter die Leute . . .
Was sind mir die Strumpfbänder Hamlets, was
Ist mir der Wirbel von Salomes Tanz,
Was ist mir der Schritt der Eisernen Maske,
Bin ich doch eiserner als alle sie . . .
Wer ist an der Reihe, sich zu erschrecken,
Zurückzuprallen, sich zu ergeben,
Um alter Sünden Vergebung zu flehn?
Ganz klar:
Wenn nicht zu mir, zu wem sonst wolln sie gehn?
Nicht für sie ward das Abendessen bereitet,
Nicht sie gehn die Wege, die gleichen, wie ich.
Den Schwanz hat versteckt er unter dem Frackschoß,
Wie ist elegant er und hinkt! – Doch ich hoffe,
Ihr hättet euch nicht unterstanden, den Herrscher
Der Finsternis hierher zu bringen.

Маска это, череп, лицо ли —
Выражение злобной боли,
Что лишь Гойя смел передать.
Общий баловень и насмешник —
Перед ним самый смрадный грешник —
Воплощенная благодать. . .

Веселиться — так веселиться,
Только как же могло случиться,
Что одна я из них жива?
Завтра утро меня разбудит,
И никто меня не осудит,
И в лицо мне смеяться будет
Заоконная синева.
Но мне страшно: войду сама я,
Кружевную шаль не снимая,
Улыбнусь всем и замолчу.
С той, какою была когда-то
В ожерелье черных агатов
До долины Иосафата[6],
Снова встретиться не хочу. . .
Не последние ль близки сроки?. . .
Я забыла ваши уроки,
Краснобаи и лжепророки!
Но меня не забыли вы.
Как в прошедшем грядущее зреет,
Так в грядущем прошлое тлеет —
Страшный праздник мертвой листвы.

Б *Звук шагов, тех, которых нету,*
Е *По сияющему паркету,*
И сигары синий дымок.
Л *И во всех зеркалах отразился*
Ы *Человек, что не появился*
И проникнуть в тот зал не мог.
Й *Он не лучше других и не хуже,*
Но не веет летейской стужей,
З *И в руке его теплота.*
А *Гость из будущего! — Неужели*
Он придет ко мне в самом деле,
Л *Повернув налево с моста?*

Ob eine Maske, ein Schädel, ein Antlitz –
Den Ausdruck erbittertsten Schmerzes
Hätt wiederzugeben gewagt nur Goya.
Ein Liebling, von allen verwöhnt, und ein Spötter –
Verglichen mit ihm, ist selbst noch der Sünder,
Der in der Hölle geschmort, eine Gnade.

Wenn fröhlich – dann richtig,
Nur – wie konnts geschehen,
Daß ich von allen allein hier noch lebe?
Es wird mich morgen wecken die Frühe,
Niemand wird mich verurteilen, lachen
Wird mir ins Gesicht
Vorm Fenster das Blau.
Doch mir ist zum Fürchten: Ich werde,
Ohne mein Spitzentuch abzulegen, hineingehn,
Allen werde ich zulächeln, schweigend.
Und jener, die ich einmal gewesen,
Geschmückt mit schwarzen Achaten,
Möchte ich bis zum Tale Josaphat[6]
Niemals wieder begegnen ...
Sind nicht die letzten Fristen schon nahe? ...
Eure Lehren – ich hab sie vergessen,
Schönredner ihr und falsche Propheten!
Aber ihr, ihr habt mich nicht vergessen.
Wie im Vergangnen das Künftige reift,
So modert im Künftigen noch das Vergangne –
Schreckliches Fest des gestorbenen Laubs.

W *Es gehen die Schritte derer,*
E *Die abwesend sind, übers Parkett.*
I *Und der blaue Rauch der Zigarre.*
S *Und in allen Spiegeln das Bild*
S *Jenes Mannes, der nicht erschienen*
E *Und nicht in den Saal gelangte.*
R *Er ist nicht besser, nicht schlechter*
Als andre, doch weht nicht die Kälte
S *Der Lethe um ihn, und in seinen Händen*
A *Ist Wärme, – o Gast aus der Zukunft!*
A *Könnte es sein, daß er kommt, von der Brücke*
L *Nach links abgebogen?*

С детства ряженых я боялась,
Мне всегда почему-то казалось,
Что какая-то лишняя тень
Среди них «без лица и названья»
Затесалась. . .
Откроем собранье
В новогодний торжественный день!
Ту полночную Гофманиану
Разглашать я по свету не стану
И других бы просила. . .
Постой,
Ты как будто не значишься в списках,
В калиострах, магах, лизисках[7], —
Полосатой наряжен верстой,
Размалеван пестро и грубо —
Ты. . .
ровесник Мамврийского дуба[8],
Вековой собеседник луны.
Не обманут притворные стоны,
Ты железные пишешь законы,
Хамураби, ликурги, солоны[9]
У тебя поучиться должны.
Существо это странного нрава.
Он не ждет, чтоб подагра и слава
Впопыхах усадили его
В юбилейные пышные кресла,
А несет по цветущему вереску,
По пустыням свое торжество.
И ни в чем не повинен: ни в этом,
Ни в другом и ни в третьем. . .
Поэтам
Вообще не пристали грехи.
Проплясать пред Ковчегом Завета[10]
Или сгинуть!. . .
Да что там! Про это
Лучше их рассказали стихи.
Крик петуший нам только снится,
За окошком Нева дымится,
Ночь бездонна — и длится, длится
Петербургская чертовня. . .

Von Kindheit an hatte Angst ich vor Masken,
Immer schien mir – ich weiß nicht warum –,
Als habe ein Schatten sich eingeschlichen,
„Gesichtslos und namenlos", unter die Gäste ...
Eröffnen wir die Versammlung
Am festlichen Neujahrstag!
Jene Mitternachtshoffmanniade
Verkünde ich nicht aller Welt
Und würd auch die anderen bitten ... Doch halt!
Du stehst, wie es scheint, nicht auf der Liste
Unter den Magiern, Cagliostros, Lisiskas[7],
Als Werstpfahl, als ein gestreifter, verkleidet,
Bunt und knallig bemalt –
Du ...
Altersgenosse der Eiche von Mamre[8],
Jahrhundertelang im Gespräch mit dem Mond.
Und niemanden täuscht das geheuchelte Stöhnen:
Du schreibst sie, die eisenharten Gesetze,
Es könnten die Hammurabis, Lykurge
Und alle Solons[9] noch von dir lernen.
Dies ist ein Geschöpf von seltsamem Wesen.
Er wartet nicht, bis ihn Ruhm und Podagra
Unversehens in das Parkett
Der Jubiläumsgäste versetzen,
Sondern er trägt über blühende Heide
Und durch die Wüste seinen Triumph.
An nichts ist er schuld: nicht hieran, nicht daran,
Nicht an was Drittem ...
Die Dichter, sie leben
Jenseits von Gut und von Böse: entweder
Du tanzt vor der Bundeslade[10] wie David
Oder entschließt dich, zugrunde zu gehn ...
Doch wozu das! – Die Verse der Dichter
Erzählen es besser. Nur in den Träumen
Begann schon der Morgen. Newá, deine Nebel,
Sie steigen vorm Fenster. Kein Ende
Findet die Nacht, und der Teufelspakt
Petersburgs dauert.

В черном небе звезды не видно,
Гибель где-то здесь, очевидно,
Но беспечна, пряна, бесстыдна
Маскарадная болтовня. . .
Крик:
«Героя на авансцену!»
Не волнуйтесь: дылде на смену
Непременно выйдет сейчас
И споет о священной мести. . .
Что ж вы все убегаете вместе,
Словно каждый нашел по невесте,
Оставляя с глазу на глаз
Меня в сумраке с черной рамой,
Из которой глядит тот самый,
Ставший наигорчайшей драмой
И еще не оплаканный час?

Это всё наплывает не сразу.
Как одну музыкальную фразу,
Слышу шепот: «Прощай! Пора!
Я оставлю тебя живою,
Но ты будешь моей вдовою,
Ты — Голубка, солнце, сестра!»
На площадке две слитые тени. . .
После — лестницы плоской ступени,
Вопль: «Не надо!» и в отдаленьи
Чистый голос:
«Я к смерти готов.»

Факелы гаснут, потолок опускается. Белый (зеркальный) зал[11] *снова делается комнатой автора. Слова из мрака:*

Смерти нет — это всем известно,
Повторять это стало пресно,
А что есть — пусть расскажут мне.
Кто стучится?
Ведь всех впустили.
Это гость зазеркальный? Или
То, что вдруг мелькнуло в окне. . .
Шутки ль месяца молодого,

Kein Stern ist am nachtschwarzen Himmel zu sehen,
Verderben geht, unverhüllt, irgendwo um,
Doch sorglos, pikant, voller Schamlosigkeiten
Ist das Maskeradengeschwätz.
Ein Ruf:
„Der Held vor den Vorhang!"
Seid ruhig – er kommt auf die Bühne, löst ab
Den Lulatsch, den langen, und singt euch
Sein Lied von der hehren Vergeltung . . .
Was lauft ihr davon, ihr alle zusammen,
Als hätte ein jeder sein Bräutchen gefunden,
Und laßt mich hier unter vier Augen allein
Vorm Dunkel der Bühne, aus dem jene Stunde,
Die noch nicht beweinte,
Zum bittersten Drama geworden,
Hervorstarrt?

All das zieht allmählich an mir vorüber.
Und wie eine musikalische Phrase
Hör ich ein Flüstern: „Leb wohl, es ist Zeit!
Ich lasse dich lebend zurück, aber du
Wirst meine Witwe sein, Täubchen, du, Sonne,
Schwester!" – Und dort auf der Treppe
Zwei ineinandergeflossene Schatten . . .
Und dann auf den Stufen ein Aufschrei:
„O nein!" – und in der Ferne
Die klare Stimme:
„Ich bin zum Sterben bereit."

Die Fackeln verlöschen. Die Decke senkt sich herab. Der Weiße Saal[11] *wird wieder zum Zimmer des Dichters. Worte aus der Finsternis:*

Es gibt keinen Tod – das wissen alle,
Sich wiederholen ist fade,
Doch was es gibt, soll man mir erzählen!
Wer klopft da?
Sind hier nicht schon alle
Versammelt? Der Gast aus dem Reich hinterm Spiegel?
Etwas, das vor dem Fenster vorbeihuscht?
Sind es die Späße des aufgehnden Mondes?

Или вправду там кто-то снова
Между печкой и шкафом стоит?
Бледен лоб, и глаза открыты. . .
Значит, хрупки могильные плиты,
Значит, мягче воска гранит. . .
Вздор, вздор, вздор! От такого вздора
Я седою сделаюсь скоро
Или стану совсем другой.
Что ты манишь меня рукою?!
За одну минуту покоя
Я посмертный отдам покой.

Через площадку
Интермедия

Где-то вокруг этого места («. . .но беспечна, пряна, бесстыдна маскарадная болтовня. . .») бродили еще такие строки, но я не пустила их в основной текст:

«Уверяю, это не ново. . .
Вы дитя, Signor Casanova. . .»
— «На Исакьевской ровно в шесть. . .»
— «Как-нибудь побредем по мраку,
Мы отсюда еще в «Собаку». . .[12]
— «Вы отсюда куда?»
— «Бог весть!»
Санчо Пансы и Дон Кихоты
И, увы, содомские Лоты[13]
Смертоносный пробуют сок,
Афродиты возникли из пены,
Шевельнулись в стекле Елены,
И безумья близится срок.
И опять из Фонтанного Грота[14],
Где любовная стонет дремота,
Через призрачные ворота
И мохнатый и рыжий кто-то
Козлоногую приволок.
Всех наряднее и всех выше,
Хоть не видит она и не слышит —
Не клянет, не молит, не дышит,
Голова Madame de Lamballe.

Oder steht wirklich dort schon wieder jemand
Zwischen Ofen und Schrank,
Mit bleicher Stirn und mit offenen Augen?
Also können die Gräber sich öffnen,
Also ist weicher als Wachs der Granit . . .
Was für ein Unfug! Hör ich davon noch mehr,
Werd ich ergrauen
Oder eine ganz andere werden.
Was aber soll mir dein Winken?
Ach für nur eine Sekunde der Ruhe
Gebe die ewige Ruhe ich hin.

Auf dem Podest
Intermezzo

Irgendwo im Umkreis dieser Stelle („. . . doch sorglos, pikant, voller Schamlosigkeiten / Ist das Maskeradengeschwätz . . .") irrten noch folgende Zeilen umher, doch ich habe sie nicht in den eigentlichen Text aufgenommen:

„Ich versichere Ihnen, das ist nichts Neues . . .
Sie sind wie ein Kind, Signor Casanova . . ."
„Auf dem Isaaksplatz pünktlich um sechs . . ."
„Wir werden schon irgendwie durch die Dunkelheit stolpern,
Wir gehen von hier dann noch in den ‚Hund'[12] . . ."
„Wohin wolln Sie gehn?" –
„Das weiß der Himmel!"
Die Sancho Pansas und die Don Quichottes
Und, hélas, aus Sodom die Lote[13],
Sie kosten den tödlichen Saft.
Es sind aus dem Schaum getaucht Aphroditen,
Es haben Helenen im Glas sich geregt,
Der Zeitpunkt des Wahnsinns, er kommt immer näher.
Und wieder schleppt aus der Springbrunnengrotte[14],
Wo schläfrig ertönt das Liebesgestöhn,
Durchs Tor, das nur noch für Geister vorhanden,
Ein rothaarig Zottliger eine der Nymphen,
Die Bocksfüße haben.
Noch hübscher als alle und stolzer als alle –
Wenn er auch nicht sehen und hörn kann,
Auch wenn er nicht flucht, nicht fleht und nicht atmet –
Der Kopf der Madame de Lamballe.

А смиренница и красотка,
  Ты, что козью пляшешь чечетку,
    Снова гулишь томно и кротко:
      «Que me veut mon Prince Carnaval?»*

И в то же время в глубине зала, сцены, ада или на вершине Гетевского Брокена появляется О н а *же (а может быть — ее тень):*

Как копытца, топочут сапожки,
  Как бубенчик, звенят сережки,
    В бледных локонах злые рожки,
      Окаянной пляской пьяна, —
Словно с вазы чернофигурной
  Прибежала к волне лазурной,
    Так парадно обнажена.
А за ней, в шинели и в каске,
  Ты, вошедший сюда без маски,
    Ты, Иванушка древней сказки,
      Что тебя сегодня томит?
Сколько горечи в каждом слове,
  Сколько мрака в твоей любови,
    И зачем эта струйка крови
      Бередит лепесток ланит?

ГЛАВА ВТОРАЯ

Ты сладострастней, ты телесней
Живых — блистательная тень.
Баратынский

Спальня Героини. Горит восковая свеча. Над кроватью три портрета хозяйки дома в ролях. Справа — она Козлоногая, посередине — Путаница, слева — портрет в тени. Одним кажется, что это Коломбина, другим — Донна Анна (из «Шагов Командора»). За мансардным окном арапчата играют в снежки. Ме-

* Чего хочет мой принц Карнавал? (франц.). — Ред.

Du Sanfte und Schöne,
Du, die den Ziegentanz stampft,
Du gurrst wieder schmachtend gefügig:
„Que me veut mon Prince Carnaval?“*

Zu gleicher Zeit erscheint in der Tiefe des Saals, der Bühne, der Hölle oder auf dem Gipfel des Goetheschen Brockens wiederum SIE (vielleicht aber auch nur ihr Schatten):

Die Stiefelchen trappeln wie kleine Hufe,
Die Ohrringe klirren wie Schellen,
In blaßblonden Locken Hörnerchen, böse,
Trunken vom Tanz, dem verfluchten –
Als sei sie so festlich entblößt gekommen
Von einer der schwarzfigurigen Vasen
Hierher zu der meerblauen Welle.
Hinter ihr aber, mit Helm und im Mantel,
Du, der du eintratest hier ohne Maske,
Du, Iwánuschka uralten Märchens,
Was ists, das dich heute so quält?
Ach, wieviel Bitterkeit in jedem der Worte,
Und wieviel Dunkel in deiner Liebe,
Warum hat dieses Rinnsal aus Blut
Zerrissen das Blütenblatt deiner Wangen?

ZWEITES KAPITEL

Noch sinnlicher bist du und greifbarer als
Die Lebenden, glänzender Schatten!
Baratynski

Schlafzimmer der Heldin. Es brennt eine Wachskerze. Über dem Bett drei Porträts der Hausherrin in ihren Rollen. Rechts ist sie die Bocksfüßige, in der Mitte die Verwirrerin; linkerhand ein Porträt im Schatten. Die einen glauben, es sei Colombine, andere – Donna Anna (aus „Die Schritte des Komturs“). Vor dem Mansardenfenster schneeballspielende

* (franz.) – Was wünscht mein Prinz Karneval?

тель. Новогодняя полночь. Путаница оживает, сходит с портрета, и ей чудится голос, который читает:

Распахнулась атласная шубка!
  Не сердись на меня, Голубка,
    Что коснулась и этого кубка:
      Не тебя, а себя казню.
Всё равно подходит расплата —
  Видишь, там, за вьюгой крупчатой,
    Мейерхольдовы арапчата
      Затевают опять возню?
А вокруг старый город Питер,
  Что народу бока повытер
    (Как тогда народ говорил), —
В гривах, в сбруях, в мучных обозах,
  В размалеванных чайных розах
    И под тучей вороньих крыл.
Но летит, улыбаясь мнимо,
  Над Маринскою сценой prima,
    Ты — наш лебедь непостижимый, —
      И острит опоздавший сноб.
Звук оркестра, как с того света,
  (Тень чего-то мелькнула где-то),
    Не предчувствием ли рассвета
      По рядам пробежал озноб?
И опять тот голос знакомый,
  Будто эхо горного грома —
    Не последнее ль торжество!
Он сердца наполняет дрожью
  И несется по бездорожью
    Над страной, вскормившей его.
Сучья в иссиня-белом снеге. . .
  Коридор Петровских Коллегий [15]
    Бесконечен, гулок и прям.
(Что угодно может случиться,
  Но он будет упрямо сниться
    Тем, кто нынче проходит там).
До смешного близка развязка:
  Из-за ширм Петрушкина маска,* [16]

* Вариант: Чрез Неву за пятак на салазках.

kleine Mohren. Schneesturm. Um Mitternacht zu Silvester. Die Verwirrerin erwacht zum Leben, tritt aus dem Bild, und glaubt, eine Stimme zu hören, die deklamiert:

Auf sprang das pelzgefütterte Cape!
  Sei mir nicht böse, mein Täubchen,
    Daß auch diesen Pokal ich berührt:
      Nicht dich, sondern mich richt ich hin.
Es rückt heran ohnehin die Vergeltung –
  Siehst du nicht dort hinterm Schleier des Schneesturms,
    Wie sich Meyerholds kleine Mohren
      Ausdenken neue, verrücktere Streiche?
Doch ringsum die alte Stadt Piter,
  Die den Leuten den Rücken zerschunden,
    (Wie das Volk damals so sagte), –
Im Schmuck der Mähnen und Pferdegeschirre,
  Der Mehlfuhren und der knalligen Rosen,
    Unter der Wolke der Krähen.
Doch es fliegt, mit gespieltem Lächeln,
  Über die Bühne des Mariinski-Theaters
    Die Primadonna – unfaßbarer Schwan –,
      Während ein Snob, der zu spät kam, bonmot.
Der Klang des Orchesters – wie aus dem Jenseits,
  (Ein Schatten von irgendwas huschte vorbei),
    Und ging nicht als Ahnung des kommenden Tages
      Durch alle Reihen ein Frösteln. Und wieder
Jene vertraute Stimme, ein Echo
  Des Donners der Berge, die uns noch einmal
    Mit Stolz und Freude erfüllte.
Sie hat die Herzen erschüttert und fliegt
  Über die Weglosigkeiten
    Des Landes, das sie genährt.
Äste, bedeckt mit weißblauem Schnee . . .
  Der Korridor der Petrinschen Kollegien[15] –
    Gerade, hallend und endlos.
(Da kann sich ereignen, was will, aber er
  Wird jenen im Traum noch erscheinen,
    Die dort entlanggehn.)
Zum Lachen nah ist die Lösung:
  Petruschkas Maske[16] hinter dem Schirm,*

* Variante: Über die Newa für einen Fünfer auf dem Schlitten.

Вкруг костров кучерская пляска,
Над дворцом черно-желтый стяг. . .
Все уже на местах, кто надо:
Пятым актом из Летнего Сада
Пахнет. . . Призрак цусимского ада
Тут же. — Пьяный поет моряк. . .
Как парадно звенят полозья,
И волочится полость козья. . .
Мимо, тени! — Он там один.
На стене его твердый профиль.
Гавриил или Мефистофель
Твой, красавица, паладин?
Демон сам с улыбкой Тамары,
Но такие таятся чары
В этом страшном дымном лице:
Плоть, почти что ставшая духом,
И античный локон над ухом —
Всё — таинственно в пришлеце.
Это он в переполненном зале
Слал ту черную розу в бокале
Или всё это было сном?
С мертвым сердцем и с мертвым взором
Он ли встретился с Командором,
В тот пробравшись проклятый дом?
И его поведано словом,
Как вы были в пространстве новом,
Как вне времени были вы, —
И в каких хрусталях полярных,
И в каких сияньях янтарных
Там, у устья Леты-Невы.
Ты сбежала сюда с портрета,
И пустая рама до света
На стене тебя будет ждать.
Так плясать тебе — без партнера!
Я же роль рокового хора
На себя согласна принять.

На щеках твоих алые пятна:
Шла бы ты в полотно обратно;
Ведь сегодня такая ночь,

Der Tanz der Kutscher rund um das Feuer,
Und auf dem Palais das schwarz-gelbe Banner ...
Schon sind die Akteure auf ihren Plätzen:
Im Sommergarten riechts nach fünftem Akt.
Zur Stelle ist das Gespenst
Der Hölle Tsushimas. Es singt
Ein betrunkner Matrose ...
Ach wie paradehaft pfeifen die Kufen,
Es schleift im Schnee die Ziegenhaardecke ...
Vorbei, ihr Schatten! – Er ist dort allein.
Da an der Wand sein strenges Profil.
Ist Gabriel oder Mephisto
Dein Paladin, Schöne?
Der Dämon selbst mit dem Lächeln Tamaras ...
Und doch liegt ein unbeschreiblicher Reiz
Auf diesem schrecklich vagen Gesicht:
Fast schon zu Geist gewordenes Fleisch,
Antikisch die Locke über dem Ohr –
Ach, wie geheimnisvoll ist dieser Fremde.
Ist ers gewesen, der im randvollen Saal
Im Pokal jene schwarze Rose geschickt,
Oder war alles ein Traum?
War ers, der toten Herzens und Blicks
In jenes verfluchte Haus eingedrungen
Und dort begegnete dem Komtur?
Durch seine Worte ward es bekannt,
Daß ihr in neuen Räumen gewesen
Und außerhalb dieser Zeit, –
Geschmückt von polaren Kristallen
Und im Bernsteinglanz, dort
An der Mündung der Lethe-Newá.
Du bist gekommen hierher aus dem Bild,
Der Rahmen, der leere, wird, bis es Tag wird,
Warten auf dich an der Wand.
So mußt ohne Partner du tanzen! Ich bin bereit,
Die Rolle zu übernehmen des
Schicksalverkündenden Chors.

Auf deinen Wangen die roten Flecken:
Dorthin auf die Leinwand sollst du zurückgehn;
Denn heute ist eine der Nächte,

Когда нужно платить по счету. . .
А дурманящую дремоту
Мне трудней, чем смерть, превозмочь!

Ты в Россию пришла ниоткуда,
О мое белокурое чудо,
Коломбина десятых годов!
Что глядишь ты так смутно и зорко:
Петербургская кукла, актерка,*
Ты — один из моих двойников.
К прочим титулам надо и этот
Приписать. О, подруга поэтов,
Я наследница славы твоей,
Здесь под музыку дивного мэтра,
Ленинградского дикого ветра,
И в тени заповедного кедра
Вижу танец придворных костей. . .
Оплывают венчальные свечи,
Под фатой «поцелуйные плечи»,
Храм гремит: «Голубица, гряди!»[17]
Горы пармских фиалок в апреле —
И свиданье в Мальтийской Капелле[18]
Как проклятье в твоей груди.
Золотого ль века виденье
Или черное преступленье
В грозном хаосе давних дней?
Мне ответь хоть теперь:
неужели
Ты когда-то жила в самом деле?
И топтала торцы площадей
Ослепительной ножкой своей?. . .

Дом пестрей комедьянтской фуры,
Облупившиеся амуры
Охраняют Венерин алтарь.
Певчих птиц не сажала в клетку,
Спальню ты убрала как беседку,
Деревенскую девку-соседку
Не узнает веселый скобарь.[19]

* Было: Козлоногая кукла, актёрка.

Wo man die Rechnung begleicht . . .
Die Schläfrigkeit, die betäubende, aber
Ist schwerer zu überwinden als Tod!

Nach Rußland bist du gekommen
Von nirgendwoher, o mein Wunder, du blondes,
Colombine des zweiten Jahrzehnts.
Was blickst du verschleiert und wachsam,
Bocksfüßige Puppe, Schauspielerin,
Doppelgängerin – zu all deinen Titeln
Füg auch noch diesen hinzu.
Freundin der Dichter,
Ich bin die Erbin des Rufs, den du hattest.
Hier zur Musik des phantastischen Meisters,
Des Windes, des wilden, von Leningrad,
Im Schatten der Zeder, die unter Schutz steht,
Seh ich den Tanz der Skelette des Hofes . . .
Es rinnt an den Hochzeitskerzen das Wachs,
Unter dem Brautschleier: Schultern zum Küssen,
Das Gotteshaus dröhnt: „Komm, o Taube!"[17] Und Berge
Von Parmaveilchen jetzt im April –
Und wie ein Fluch in der Brust
Das Stelldichein in der Maltheserkapelle[18].
Zeigt sich des goldenen Zeitalters Ahnung
Oder das schwarze Verbrechen im
Furchterregenden Chaos vergangener Tage?
So antworte jetzt:
Sag, ist es möglich,
Daß du einst wirklich gelebt,
Daß du das Holzpflaster tratst auf den Plätzen
Mit deinen blendenden Beinen? . . .

Bunter als ein Gefährt Komödianten das Haus –
Abgeblätterte Amouretten
Bewachen der Venus Altar.
Singvögel hast du nicht in den Käfig gesperrt,
Aber dein Schlafzimmer gleicht einer Laube,
Und nicht erkennt der fröhliche Gerber[19] aus Pskow
Wieder die Nachbarstochter von dort.

В стенках лесенки скрыты витые,
А на стенках лазурных святые —
Полукрадено это добро. . .
Вся в цветах, как «Весна» Боттичелли,
Ты друзей принимала в постели,
И томился драгунский Пьеро, —
Всех влюбленных в тебя суеверней
Тот, с улыбкой жертвы вечерней,
Ты ему как стали — магнит,
Побледнев, он глядит сквозь слезы,
Как тебе протянули розы
И как враг его знаменит.
Твоего я не видела мужа,
Я, к стеклу приникавшая стужа. . .
Вот он, бой крепостных часов. . .
Ты не бойся — домá не мéчу,
Выходи ко мне смело навстречу —
Гороскоп твой давно готов. . .

ГЛАВА ТРЕТЬЯ

И под аркой на Галерной. . .
А. Ахматова

В Петербурге мы сойдемся снова,
Словно солнце мы похоронили в нем.
О. Мандельштам

То был последний год. . .
М. Лозинский

Петербург 1913 года. Лирическое отступление: последнее воспоминание о Царском Селе. Ветер, не то вспоминая, не то пророчествуя — бормочет:

Были святки кострами согреты,
И валились с мостов кареты,
И весь траурный город плыл

Wendeltreppen, dem Auge verborgen,
Auf azurblauen Wänden Heiligenbilder,
Halbgestohlenes Gut . . .
Und über und über mit Blumen geschmückt,
So wie im „Frühling“ von Botticelli,
Empfingst du deine Freunde im Bett,
Es schmachtete der Dragonerpierrot, –
Von allen aber, die dich geliebt,
Ist jener mit dem Lächeln des Opfers
Der Abergläubischste: Du bist für ihn,
Was dem Stahl der Magnet ist.
Bleich geworden und durch seine Tränen
Sieht er die Rosen, die man dir bringt,
Und wie berühmt sein Feind ist.
Nur deinen Mann, ihn sah ich nicht,
Ich, Eiseskälte, ans Fenster gepreßt . . .
Da ist die Glocke von Peter und Paul . . .
Fürchte dich nicht: Ich zink keine Häuser –
Komm furchtlos heraus, komm mir entgegen:
Dein Horoskop – es ist längst gestellt . . .

DRITTES KAPITEL

Und unterm Bogen der Galernaja . . .
Anna Achmatowa

Petersburg wird unser Treffpunkt sein,
Als hätten wir die Sonne dort begraben.
O. Mandelstam

Das war das letzte Jahr . . .
M. Losinski

Petersburg im Jahre 1913. Lyrische Abschweifung: letzte Erinnerung an Zarskoje Selo. Der Wind murmelt, bald sich erinnernd, bald prophezeiend:

Die Rauhnächte waren von Feuern erwärmt,
Es rollten die Kutschen dicht über die Brücken.
Die in Trauer gekleidete Stadt

По неведомому назначенью
По Неве иль против теченья, —
Только прочь от своих могил.
На Галерной чернела арка,
В Летнем тонко пела флюгарка,
И серебряный месяц ярко
Над серебряным веком стыл.
Оттого, что по всем дорогам,
Оттого, что ко всем порогам
Приближалась медленно тень,
Ветер рвал со стены афиши,
Дым плясал вприсядку на крыше
И кладбищем пахла сирень.
И царицей Авдотьей заклятый,
Достоевский и бесноватый,
Город в свой уходил туман.
И выглядывал вновь из мрака
Старый питерщик и гуляка,
Как пред казнью бил барабан. . .

И всегда в духоте морозной,
Предвоенной, блудной и грозной,
Жил какой-то будущий гул.
Но тогда он был слышен глуше,
Он почти не тревожил души
И в сугробах невских тонул.
Словно в зеркале страшной ночи
И беснуется и не хочет
Узнавать себя человек,
А по набережной легендарной
Приближался не календарный —
Настоящий Двадцатый Век.

А теперь бы домой скорее
Камероновой Галереей
В ледяной таинственный сад,
Где безмолвствуют водопады,
Где все девять мне будут рады,*
Как бывал ты когда-то рад.

* Музы.

Schwamm mit unbekannter Bestimmung
Die Newá hinab oder gegen den Strom, –
Nur fort von den Gräbern.
Es dunkelte der Galernaja Bogen,
Im Sommergarten die Wetterfahne
Sang im Falsett, und der silberne Mond
Fror hell überm Silber der Zeit.
Und weil sich auf allen Wegen
Und bis zu allen Schwellen hin
Zu langsam der Schatten genähert,
Riß der Wind von der Wand die Plakate,
Tanzte der Wind auf dem Dach Kasatschok,
Roch der Flieder nach Friedhof.
Und, verflucht von der Zarin Awdotja,
Versank in ihrem Nebel die Stadt,
Das dämonische Petersburg Dostojewskis.
Und aus der Finsternis sah
Wieder der alte versoffene Piter,
Wie vor der Hinrichtung schlug eine Trommel . . .

Und in der frostigen Schwüle des Vorkriegs,
In der verbuhlten und drohenden, hörte
Man immer ein künftiges Grollen.
Doch damals wars dumpfer zu hören,
Obwohl: die Seelen hats kaum gestört,
Es versank in den Schneewächten an der Newá.
Aber so wie ein Mensch im Spiegel der Nacht
Wie ein Besessener tobt und sich nicht
Wiedererkennt, näherte sich auf dem Kai,
Dem legendären, das nicht reguläre –
Das wirkliche neue Jahrhundert.

Jetzt möglichst nach Hause, schnell
Durch die Cameron-Galerie
In des eisigen Gartens Geheimnis,
Dorthin, wo die Wasserfälle verstummten
Und wo alle Neun mich erwarten,*
Froh, mich zu sehn, so wie du einst froh warst.

* die Musen.

Там за островом, там за садом
Разве мы не встретимся взглядом
Наших прежних ясных очей,
Разве ты мне не скажешь снова
Победившее смерть слово
И разгадку жизни моей?

ГЛАВА ЧЕТВЕРТАЯ И ПОСЛЕДНЯЯ

Любовь прошла, и стали ясны
и близки смертные черты.
Вс. К.

Угол Марсова Поля. Дом, построенный в начале 19 века бр. Адамини. В него будет прямое попадание авиабомбы в 1942 г. Горит высокий костер. Слышны удары колокольного звона от Спаса на Крови. На Поле за метелью призрак Зимнедворского бала. В промежутке между этими звуками говорит сама Тишина:

Кто застыл у померкших окон,
На чьем сердце «налевый локон»,
У кого пред глазами тьма?
«Помогите, еще не поздно!
Никогда ты такой морозной
И чужою, ночь, не была!»
Ветер, полный балтийской соли,
Бал метелей на Марсовом Поле,
И невидимых звон копыт. . .
И безмерная в том тревога,
Кому жить осталось немного,
Кто лишь смерти просит у бога
И кто будет навек забыт.
Он за полночь под окнами бродит,
На него беспощадно наводит
Тусклый луч угловой фонарь, —

Sollten sich dort nicht hinter der Insel,
Im tiefen Garten die Blicke begegnen
Unserer Augen, der einst ungetrübten,
Weshalb solltest du mir nicht sagen
Noch einmal das Wort, das besiegte den Tod,
Das meines Lebens Rätsel gelöst?

VIERTES UND LETZTES KAPITEL

Vergangen ist die Liebe, deutlich
Sind jetzt des nahen Todes Züge.
W. K.

Ecke des Marsfelds. Das Haus, das zu Beginn des 19. Jahrhunderts von den Brüdern Adamini gebaut wurde. Es wird im Jahre 1942 einen Bombenvolltreffer erhalten. Ein hoher Holzstoß brennt. Man hört das Läuten der Glocke vom „Erlöser auf dem Blut". Auf dem Marsfeld im Schneesturm die Gespenstererscheinung eines Balls im Winterpalais. In einer Pause zwischen diesen Geräuschen spricht die STILLE selbst:

Wer ist erstarrt am erloschenen Fenster,
Auf wessen Herz liegt die „strohgelbe Locke",
Vor wessen Augen ist Nacht?
„So helft mir, noch ists nicht zu spät!
Nie warst du so frostkalt,
Nacht, und so fremd!"
Der Wind, voll des baltischen Salzes,
Der Schneestürme Ball auf dem Marsfeld,
Das Klappern unsichtbarer Hufe . . .
Und maßlos ist die Trauer in dem, der nur wenig
Zu leben noch hat und der seinen Gott
Um nichts weiter bittet als um den Tod
Und den man für alle Zeiten vergißt.
Nach Mitternacht streift er umher
Unter den Fenstern, und ohne Erbarmen
Leuchtet auf ihn die Laterne. –

И дождался он. Стройная маска
На обратном «пути из Дамаска»
Возвратилась домой... не одна!
Кто-то с ней «без лица и названья»...
Недвусмысленное расставанье
Сквозь косое пламя костра
Он увидел — рухнули зданья,
И в ответ обрывок рыданья:
«Ты Голубка, солнце, сестра!
Я оставлю тебя живою,
Но ты будешь моей вдовою,
А теперь...
Прощаться пора!»
На площадке пахнет духами,
И драгунский корнет со стихами
И с бессмысленной смертью в груди
Позвонит, если смелости хватит,
Он мгновенье последнее тратит,
Чтобы славить тебя.
Гляди:
Не в проклятых Мазурских болотах,
Не на синих Карпатских высотах...
Он — на твой порог!
Поперек.
Да простит тебя бог!

(Сколько гибелей шло к поэту,
Глупый мальчик: он выбрал эту, —
Первых он не стерпел обид,
Он не знал, на каком пороге
Он стоит и какой дороги
Перед ним откроется вид...)

Это я — твоя старая совесть,
Разыскала сожженную повесть
И на край подоконника
В доме покойника
Положила —
и на цыпочках ушла...

Er bekam, was er wollte. Die schlanke Maske,
Sie kehrte von ihrem „Weg nach Damaskus“
Nach Hause zurück.
Doch nicht allein, denn jemand ist bei ihr,
„Namenlos, ohne Gesicht“ ... Welch einen
Abschied
Bekam er zu sehn durch die schrägen
Flammen des Feuers – und Welten zerbrachen.
Die Antwort – ein Schluchzen:
„Täubchen, du, Sonne und Schwester!
Ich lasse dich lebend zurück, aber du
Wirst meine Witwe sein, jetzt aber, jetzt,
Ists Zeit, voneinander Abschied zu nehmen!“
Es riecht nach Parfüm auf der Treppe,
Der Dragonerkornett mit seinen Versen,
Seinen sinnlosen Tod in der Brust,
Wird, wenn seine Kühnheit reicht, läuten
Und seine letzten Minuten verschwenden,
Um dich zu preisen.
Siehe: Er fiel
Nicht in den verfluchten Masurischen Sümpfen,
Nicht auf den blauen Höhn der Karpaten,
Sondern auf deiner Schwelle!
Vergebe dir Gott!

(Wieviel Tode suchten den Dichter,
Dummer Junge: er wählte diesen –
Denn er ertrug nicht das erstbeste Leid
Und wußte nicht, auf welcher Schwelle
Er fallen würde und welche Wege
Sich ihm noch öffnen ...)

Ich bin es, dein altes Gewissen,
Das die verbrannte Erzählung gefunden
Und das sie ins Haus des Toten gelegt hat
Auf des Fensterbretts Rand –
Und das auf Zehenspitzen
gegangen ...

ПОСЛЕСЛОВИЕ

ВСЁ В ПОРЯДКЕ: ЛЕЖИТ ПОЭМА
И, КАК СВОЙСТВЕННО ЕЙ, МОЛЧИТ.
НУ, А ВДРУГ КАК ВЫРВЕТСЯ ТЕМА,
КУЛАКОМ В ОКНО ЗАСТУЧИТ, —
И ОТКЛИКНЕТСЯ ИЗДАЛЕКА
НА ПРИЗЫВ ЭТОТ СТРАШНЫЙ ЗВУК —
КЛОКОТАНЬЕ, СТОН И КЛЕКОТ
И ВИДЕНЬЕ СКРЕЩЕННЫХ РУК?. . .

NACHWORT

Es ist alles in Ordnung: Schweigend
liegt dort das Poem, wie es sich gehört.
Und doch: Wenn ein Thema plötzlich sich losreisst
und, gegen das Fenster trommelnd, beschwört
von fernher die Antwort, als sei
alles ein Spiel nur schrecklicher Lust –
ein Rasseln, ein Stöhnen, ein Adlerschrei,
und die Arme gekreuzt auf der Brust? . . .

ЧАСТЬ ВТОРАЯ

Решка

. . .я воды Леты пью,
Мне доктором запрещена унылость.
Пушкин

In my beginning is my end.
*T. S. Eliot**

Место действия — Фонтанный Дом. Время — 5 января 1941. В окне призрак оснеженного клена. Только что пронеслась адская арлекинада тринадцатого года, разбудив безмолвие великой молчальницы — эпохи и оставив за собою тот свойственный каждому праздничному или похоронному шествию беспорядок — дым факелов, цветы на полу, навсегда потерянные священные сувениры. . .
В печной трубе воет ветер, и в этом вое можно угадать очень глубоко и очень умело спрятанные обрывки Реквиема.
О том, что в зеркалах, лучше не думать.

. . .жасминный куст,
Где Данте шел и воздух пуст.
Н. К.

1

Мой редактор был недоволен,
Клялся мне, что занят и болен
Засекретил свой телефон
И ворчал: «Там три темы сразу!
Дочитав последнюю фразу,
Не поймешь, кто в кого влюблен,

* В моём начале мой конец. Т. С. Элиот (англ.). — Ред.

ZWEITER TEIL

Kehrseite

... ich trink der Lethe Wässer,
Denn Trübsinn hat der Doktor mir verboten.
Puschkin

*In my beginning is my end.**
T. S. Eliot

Ort der Handlung – das Fontanny dom. Zeit – Januar 1941. Vor dem Fenster das Phantom eines verschneiten Ahorns. Soeben ist die höllische Harlekinade des Jahres dreizehn vorübergeflogen; sie hat das Schweigen der großen Schweigerin-Epoche aufgestört und jene Unordnung hinterlassen, die jedem Festtags- und Trauerzug eigen ist: Rauch der Fakkeln, auf dem Boden verstreute Blumen, für immer verlorene heilige Andenken ...
Im Schornstein heult der Wind, und in diesem Heulen kann man die sehr tief und sehr geschickt verborgenen Bruchstücke des REQUIEMS ahnen.
Was in den Spiegeln undeutlich zu erkennen ist – daran sollte man lieber nicht denken.

... und der Jasmin, wo leer
Die Luft ist und wo Dante sich erging.
N. K.

1

Mein Redakteur war nicht zufrieden,
Er schwor, er sei krank und beschäftigt,
Und erklärt zur Geheimsache sein Telefon.
Er brummte: „Drei Themen auf einmal!
Und hat man das Ganze zuende gelesen,
Begreift man nicht, wer verliebt ist in wen,

* (engl.) – In meinem Anfang ist mein Ende.

2

Кто, когда и зачем встречался,
Кто погиб, и кто жив остался,
И кто автор, и кто герой, —
И к чему нам сегодня эти
Рассуждения о поэте
И каких-то призраков рой?»

3

Я ответила: «Там их трое —
Главный был наряжен верстою,
А другой как демон одет, —
Чтоб они столетьям достались,
Их стихи за них постарались,
Третий прожил лишь двадцать лет,

4

И мне жалко его.» И снова
Выпадало за словом слово,
Музыкальный ящик гремел,
И над тем флаконом надбитым
Языком кривым и сердитым
Яд неведомый пламенел.

5

А во сне всё казалось, что это
Я пишу для кого-то либретто,
И отбоя от музыки нет.
А ведь сон — это тоже вещица,
Soft embalmer[20], Синяя птица,
Эльсинорских террас парапет.

2

Wer, wann und weshalb sich begegnet,
Wer umkam und wer am Leben geblieben,
Und wer da der Autor, der Held, –
Und was solln uns heute diese Gedanken
Über den Dichter und irgendeinen
Gespenstischen Spuk?" –

3

Ich sagte: „Es sind ihrer drei dort – der erste
Verkleidet als Werstpfahl, ein andrer
Als Dämon – dafür, daß sie leben
Noch in Jahrhunderten, sorgten für sie
Die Verse, die sie geschrieben,
Der dritte hat nur zwanzig Jahre gelebt,

4

Und ich bedaure ihn." – Wieder
Fiel Wort um Wort, und es dröhnte
Der Musikkasten stereotyp,
Mit schwerer und zorniger Zunge
Loderte über jener Phiole
Ein allen geheimes, ein Gift.

5

Im Traum aber hat es mir damals geschienen,
Als schriebe ich jemandem ein Libretto,
Es war kein Entrinnen vor der Musik.
Ein Traum aber – das will auch etwas heißen,
Soft embalmer[20] und Blauer Vogel,
Terrassen-Brüstung von Helsingör.

6

И сама я была не рада,
Этой адской арлекинады
Издалека заслышав вой.
Всё надеялась я, что мимо
Белой залы, как хлопья дыма,
Пронесется сквозь сумрак хвой.

7

Не отбиться от рухляди пестрой,
Это старый чудит Калиостро —
Сам изящнейший сатана,
Кто над мертвым со мной не плачет,
Кто не знает, что совесть значит
И зачем существует она.

8

Карнавальной полночью римской
И не пахнет. Напев Херувимской
У закрытых церквей дрожит.
В дверь мою никто не стучится,
Только зеркало зеркалу снится,
Тишина тишину сторожит.

9—10

. . . .
. . . .
. . . .[21]

6

Ich war nicht froh, daß mir aus der Ferne
Erklang in den Ohren
Der höllischen Harlekinade Geheul.
Ich hoffte, daß es wie Fetzen von Rauch
Durch die Finsternis flöge,
Vorüber am Weißen Saal.

7

Doch dem Plunder war nicht zu entrinnen,
Der alte Cagliostro schlägt seine Volten,
Ein Satan von raffiniertester Art,
Der nicht mit mir den Toten beweinte,
Und der nicht weiß, was Gewissen bedeutet,
Und wozu es so etwas gibt.

8

Von römischer Karnevalsnacht keine Spur.
Und vor den geschlossenen Kirchen
Zittert des Cherubimlieds Melodie.
Es klopfte niemand an meine Türe,
Es sieht im Traum nur der Spiegel den Spiegel,
Die Stille die Stille bewacht.

9–10

. . . .
. . . .
. . . .[21]

11

Я ль растаю в казенном гимне?
Не дари, не дари, не дари мне
Диадему с мертвого лба.
Скоро мне нужна будет лира,
Но Софокла уже, не Шекспира.
На пороге стоит — Судьба.

12

Но была для меня та тема
Как раздавленная хризантема
На полу, когда гроб несут.
Между «помнить» и «вспомнить«, други,
Расстояние — как от Луги
До страны атласных баут[22].

13

Бес попутал в укладке рыться. . .
Ну, а как же могло случиться,
Что во всем виновата я?
Я — тишайшая, я — простая,
«Подорожник», «Белая стая». . .
Оправдаться. . . но как, друзья?

14

Так и знай: обвинят в плагиате. . .
Разве я других виноватей?
Впрочем, это мне всё равно.
Я согласна на неудачу
И смущенье свое не прячу. . .
У шкатулки ж тройное дно.

11

Ich werd nicht in Hymnen, bestellten, zerschmelzen!
Nein, schenkt mir nicht, schenkt mir nicht einer
Toten Stirn Diadem.
Ich werd eine Lyra bald brauchen,
Doch die eines Sophokles, nicht eines Shakespeare.
Es steht an der Schwelle das SCHICKSAL!

12

Und es war für mich jenes Thema
Wie auf dem Boden die Chrysantheme,
Die man zertritt, wenn man fortträgt den Sarg.
Zwischen „Erinnerung“ und „sich erinnern“,
O Freunde, ist größer der Abstand noch als
Von Luga bis zum Lande der Bautta[22].

13

Ritt mich der Teufel, in der Truhe zu kramen ...
Na gut, aber wie konnte es nur geschehen,
Daß ich an allem trage die Schuld?
Bin doch die Stillste von allen, bin einfach,
„Wegerich“ und „Weißer Vogelschwarm“, ja ...
Aber sich rechtfertigen ... wie, meine Freunde?

14

Man wird dich bezichtigen des Plagiats ...
Bin ich denn mehr noch als andere schuldig?
Im übrigen ist mirs ganz gleich!
Ich nehm meine Mißerfolge in Kauf,
Verberge nicht, daß ich mich schäme ...
Doch hat die Schatulle dreifachen Boden.

15

Но сознаюсь, что применила
Симпатические чернила. . .
Я зеркальным письмом пишу,
И другой мне дороги нету —
Чудом я набрела на эту
И расстаться с ней не спешу.

16

И тогда из грядущего века
Незнакомого человека
Пусть посмотрят дерзко глаза,
И он мне, отлетевшей тени,
Даст охапку мокрой сирени
В час, как эта минет гроза.

17

А столетняя чаровница
Вдруг очнулась и веселиться
Захотела. В ни при чем.
Кружевной роняет платочек,
Томно жмурится из-за строчек
И брюлловским манит плечом.

18

Я пила её в капле каждой
И, бесовскою черной жаждой
Одержима, не знала, как
Мне разделаться с бесноватой:
Я грозила ей Звездной Палатой[23]
И гнала на родной чердак* —

* Место, где, по представлению читателей, рождаются все поэтические произведения.

15

Doch ich bekenne, verwendet zu haben
Sympathetische Tinte . . . Ich schreibe
In Spiegelschrift, denn einen anderen Weg
Habe ich nicht – und wie durch ein Wunder
Stieß ich auf diesen und hab es nicht eilig,
Von ihm mich zu trennen.

16

Dann mögen aus einem Jahrhundert,
Das fern noch, die Augen des Fremden
Dreist schauen. Doch er
Wird mir dann, dem Schatten, der fortfliegt,
Vom feuchten Flieder die Arme voll geben,
Zur Stunde, da dieses Gewitter vorbeizieht.

17

Die jahrhundertealte Zauberin aber
Erwachte plötzlich, um fröhlich zu sein.
Ich wasch meine Hände in Unschuld!
Ihr Spitzentüchlein – sie läßt es fallen.
Und zwischen den Zeilen mit schmachtenden Augen
Und brjullowscher Schulter blickt sie hervor.

18

Ich hab sie getrunken mit jedem der Tropfen;
Besessen vom Dämon, vom schwarzen Verlangen,
Wußte ich nicht, wie man frei wird von ihr;
Und mit der Sternkammer[23] gedroht
Hab ich der Rasenden und sie gescheucht
Wohin sie gehört: unters Dach* –

* Der Platz, wo nach Vorstellung der Leser alle poetischen Werke geboren werden.

19

В темноту, под Манфредовы ели,
И на берег, где мертвый Шелли,
Прямо в небо глядя, лежал, —
И все жаворонки всего мира[24]
Разрывали бездну эфира,
И факел Георг[25] держал.

20

Но она твердила упрямо:
«Я не та английская дама
И совсем не Клара Газуль[26],
Вовсе нет у меня родословной,
Кроме солнечной и баснословной,
И привел меня сам Июль.

21

А твоей двусмысленной славе,
Двадцать лет лежавшей в канаве,
Я еще не так послужу,
Мы с тобой еще попируем,
И я царским моим поцелуем
Злую полночь твою награжу.»

5 января 1941 года
Фонтанный Дом
в Ташкенте
и
после

19

Ins Dunkel, unter die Fichten Manfreds,
Und an das Meer, wo, direkt in den Himmel
Blickend, Shelley, der tote, lag, –
Wo alle Lerchen der Welt[24] des Äthers
Grundlose Tiefe zerrissen und wo
George[25] hielt die Fackel.

20

Doch hartnäckig sagte sie immer wieder:
„Ich bin nicht jene englische Dame
Und schon gar nicht Clara Gazul[26],
Ich hab überhaupt keinen Stammbaum, und wenn,
Dann nur den der Sonne und den der Legende,
Und geboren hat mich der Juli.

21

Doch deinem Ruhm, der zwielichtig schimmert
Und der zwanzig Jahr in der Gosse gelegen,
Dem werd ich noch dienen – und wie!
Wir beide, wir werden Feste noch feiern,
Und mit meinem Kuß wie ein König will lohnen
Ich deiner Mitternacht böses Gesicht."

5. Januar 1941
Fontanny dom
in Taschkent
und
später

ЧАСТЬ ТРЕТЬЯ

Эпилог

Быть пусту месту сему. . .
?

Да пустыни немых площадей,
Где казнили людей до рассвета.
Анненский

Люблю тебя, Петра творенье.
Пушкин

Моему городу

Белая ночь 24 июня 1942 г. Город в развалинах. От Гавани до Смольного всё как на ладони. Кое-где догорают застарелые пожары. В Шереметевском саду цветут липы и поет соловей. Одно окно третьего этажа (перед которым увечный клен) выбито, и за ним зияет черная пустота. В стороне Кронштадта ухают тяжелые орудия. Но в общем тихо. Голос автора, находящегося за семь тысяч километров, произносит:

Так под кровлей Фонтанного Дома,
Где вечерняя бродит истома
С фонарем и связкой ключей, —
Я аукалась с дальним эхом,
Неуместным смущая смехом
Непробудную сонь вещей,
Где, свидетель всего на свете,
На закате и на рассвете
Смотрит в комнату старый клен
И, предвидя нашу разлуку,
Мне иссохшую черную руку,
Как за помощью, тянет он.
Но земля под ногой гудела,
И такая звезда глядела*
В мой еще не брошенный дом
И ждала условного звука. . .

* Марс летом 1941 г.

DRITTER TEIL

Epilog

„Dieser Ort soll wüst und leer sein ..."
?

Und die Wüsten der Plätze, der stummen,
Wo man Menschen gehängt noch vorm Morgen.
Annenski

Ich liebe dich, du Schöpfung Peters.
Puschkin

Für meine Stadt

Weiße Nacht des 24. Juni 1942. Die Stadt liegt in Trümmern. Vom Hafen bis zum Smolny ist alles überschaubar wie auf einer Handfläche. Hier und da schwelen noch alte Brände. Im Scheremetjewschen Garten blühen die Linden und singt eine Nachtigall. Ein Fenster des zweiten Stocks – vor dem der verstümmelte Ahorn steht – ist eingeschlagen, dahinter gähnt schwarze Leere. In Richtung Kronstadt wummern schwere Geschütze. Doch im großen und ganzen ist es still. Die Stimme des Autors, der siebentausend Kilometer von hier entfernt ist, spricht:

Ich hab unterm Dach des Springbrunnenhauses,
Dort wo mit Schlüsselbund und Laterne
Die abendliche Ermattung umhergeht,
Mit dem fernen Echo Zeichen gewechselt,
Durch unangebrachtes Gelächter
Störend der Dinge ewigen Schlaf,
Wo, als Zeuge von dem, was passierte,
Im Abendrot und im Grauen des Morgens
Der alte Ahorn ins Zimmer mir blickt,
Und, unsere Trennung schon ahnend,
Mir seine schwarze, vertrocknete Hand,
Als suche er Hilfe, entgegengestreckt.
Doch unter den Füßen die Erde
Erdröhnte, der Stern sah herab*
Auf mein noch nicht verlassenes Haus,
Wartend auf das vereinbarte Zeichen ...

* Der Mars im Sommer 1941.

Это где-то там — у Тобрука,
Это где-то здесь — за углом.
(Ты, не первый и не последний
Темный слушатель светлых бредней,
Мне какую готовишь месть?
Ты не выпьешь, только пригубишь
Эту горечь из самой глуби —
Этой нашей разлуки весть.
Не клади мне руку на темя —
Пусть навек остановится время
На тобою данных часах.
Нас несчастие не минует,
И кукушка не закукует
В опаленных наших лесах. . .)

А за проволокой колючей,
В самом сердце тайги дремучей —
Я не знаю, который год —
Ставший горстью лагерной пыли,
Ставший сказкой из страшной были,
Мой двойник на допрос идёт.
А потом он идёт с допроса,
Двум посланцам Девки безносой
Суждено охранять его.
И я слышу даже отсюда —
Неужели это не чудо! —
Звуки голоса своего:
За тебя я заплатила
Чистоганом,
Ровно десять лет ходила
Под наганом,
Ни налево, ни направо
Не глядела
А за мной худая слава
Шелестела.

А не ставший моей могилой,
Ты, крамольный, опальный, милый,
Побледнел, помертвел, затих.
Разлучение наше мнимо:
Я с тобою неразлучима,

Irgendwo dort in der Nähe von Tobruk,
Vielleicht um die Ecke, irgendwo hier.
(Und du, nicht der erste und nicht der letzte
Finstere Zuhörer lichter Delirien,
Sag, welche Rache bereitest du vor?
Nicht austrinken, sondern nur nippen
Wirst an der Bitternis du tiefster Tiefe –
Dieser Kunde von unserer Trennung.
Die Hand leg mir nicht auf den Scheitel –
Es soll auf der Uhr, die du mir gegeben,
Für alle Zeiten die Zeit nicht vergehn.
Das Unglück, es geht nicht vorüber,
Der Kuckuck wird nicht zu rufen beginnen
In unserem Wald, dem verbrannten.)

Und hinter dem Stacheldraht aber,
Im Herzen der tiefsten Taigá, –
Ich weiß nicht, das wievielte Jahr schon –
Zerfallen zu Lagerstaub, geht,
Wie eine Legende des Schreckens,
Mein Doppelgänger dort zum Verhör.
Dann kommt er zurück. Zwei Boten
Des Weibs ohne Nase obliegt es,
Ihn zu beschützen. Ich höre sogar
Von hier aus – und das ist kein Wunder! –
Die Laute meiner Stimme:
Ich war es, die für dich gezahlt hat
mit Zaster,
Zehn Jahr lang, bewacht vom Nagant,
vegetiert ich dahin,
Ich sah nicht nach links und nach rechts.
Doch hinter mir
Erklang der Verleumdung
Geraschel.

Du, die du mein Grab nicht geworden,
Rebellisch, geächtet, lieb meinem Herzen,
Erbleicht, erstarrt und verstummt.
Doch unsere Trennung ist nur eine Täuschung:
Wir beide sind unzertrennlich, mein Schatten

Тень моя на стенах твоих,
Отраженье мое в каналах,
Звук шагов в Эрмитажных залах,
Где со мною мой друг бродил,
И на старом Волковом Поле[27],
Где могу я рыдать на воле
Над безмолвием братских могил.
Всё, что сказано в Первой Части
О любви, измене и страсти,
Сбросил с крыльев свободный стих,
И стоит мой Город «зашитый»...
Тяжелы надгробные плиты
На бессонных очах твоих.
Мне казалось, за мной ты гнался,
Ты, что там погибать остался
В блеске шпилей, в отблеске вод.
Не дождался желанных вестниц...
Над тобой — лишь твоих прелестниц
Белых ноченек хоровод.
А веселое слово — до́ма —
Никому теперь не знакомо,
Все в чужое глядят окно.
Кто в Ташкенте, а кто в Нью-Йорке,
И изгнания воздух горький —
Как отравленное вино.
Все вы мной любоваться могли бы,
Когда в брюхе летучей рыбы
Я от злой погони спаслась
И над полным врагами лесом,
Словно та, одержимая бесом,
Как на Брокен ночной неслась.

И уже предо мною прямо
Леденела и стыла Кама,
И «Quo vadis?»* кто-то сказал,
Но не дал шевельнуть устами,
Как тоннелями и мостами
Загремел сумасшедший Урал.
И открылась мне та дорога,

* «Камо грядеши?» (лат.). — Ред.

Liegt auf deinen Mauern, mein Bild,
Es spiegelt sich in deinen Kanälen,
Und in den Sälen der Ermitage
Gehn meine Schritte und die meines Freundes,
Und auf dem alten Wolkowo-Friedhof[27],
Dort, wo ich ungehemmt schluchze,
Über den schweigenden Gräbern der Brüder.
Und was da gesagt wurde im ersten Teil
Von Liebe, Untreue, Leidenschaft,
Warf von seinen Schultern der freie Vers,
Es steht meine Stadt mit Brettern vernagelt . . .
Und schwer sind die Grabplatten
Auf deinen schlaflosen Augen.
Es schien mir, daß du mir nachjagtest, du,
Die du bliebst, um zugrunde zu gehen
Im Schein der Gewässer, der Turmspitzen Glanz.
Vergeblich hast du erwartet
Die Botschafterinnen . . . Über dir nur
Den Reigen der weißen Nächte, der schönen.
„Zuhause" – dies fröhliche Wort aber kennt
Jetzt keiner, denn es sehen alle
Zu fremden Fenstern hinaus: in Taschkent
Der eine, und in New York
Ein andrer, und der Verbannung
Bittere Luft gleicht vergiftetem Wein.
Mein Anblick hätte euch alle erfreut,
Als ich im Bauch des fliegenden Fisches
Mich rettete vor der schlimmen Verfolgung,
Und über dem Wald, wimmelnd von Feinden,
Jener vom Teufel Besessenen gleich,
Dahinraste wie auf den nächtlichen Brocken . . .

Und es gefror in der Kälte
Auf dem Weg vor mir die Kama,
Und jemand sagte „Quo vadis?"*,
Doch er konnte die Lippen nicht regen,
Als mit seinen Tunneln und Brücken
Zu donnern begann der verrückte Ural.
Und es öffnete sich mir der Weg,

* (lat.) – Wohin gehst du?

По которой ушло так много,
По которой сына везли,
И был долог путь погребальный
Средь торжественной и хрустальной
Тишины Сибирской Земли.
От того, что сделалось прахом,
Обуянная смертным страхом
И отмщения зная срок,
Опустивши глаза сухие
И ломая руки, Россия
Предо мною шла на восток.[28]

Окончено в Ташкенте
18 августа 1942 года

Auf dem man vor mir gegangen
Und der meinen Sohn transportiert.
Lang war der Begräbnisweg, endlos,
Ein feierliches, kristallenes Schweigen
Fesselte rings das SIBIRISCHE LAND.
Fort von dem, was zu Staub war,
Marschierte, gepackt von tödlicher Furcht,
Wissend um die Frist der Vergeltung,
Die tränenlosen Augen gesenkt –
Vor mir her nach Osten, das
Die Hände ringende Rußland.[28]

Beendet in Taschkent
am 18. August 1942

ПРИМЕЧАНИЯ РЕДАКТОРА

1 Антиной: античный красавец.
2 «Ты ли, Путаница...»: героиня одноименной пьесы Юрия Беляева.
3 Le jour des rois: канун Крещенья: 5 января.
4 Дапертутто: псевдоним Всеволода Мейерхольда.
5 Иоканаан: святой Иоанн Креститель.
6 Долина Иосафата: предполагаемое место Страшного Суда.
7 Лизиска: псевдоним императрицы Мессалины в римских притонах.
8 Мамврийский дуб: см. Книгу Бытия.
9 Хамураби, Ликург, Солон: законодатели.
10 Ковчег Завета: библ.
11 Зал: Белый зеркальный зал в Фонтанном Доме (работы Кваренги) через площадку от квартиры автора.
12 «Собака»: «Бродячая собака», артистическое кабаре десятых годов.
13 Содомские Лоты (см. «Бытие», гл. [XIX]).
14 Фонтанный Грот: построен в 1757 г. Аргуновым в саду Шереметевского дворца на Фонтанке (так называемый Фонтанный Дом), разрушен в начале десятых годов (см. Лукомский, стр. [?]).
15 Коридор Петровских Коллегий: коридор Петербургского университета.
16 Петрушкина маска: «Петрушка», балет Стравинского.
17 «Голубица, гряди»: церковное песнопение. Пели, когда невеста ступала на ковер в храме.
18 Мальтийская Капелла: построена по проекту Кваренги (с 1798 г. до 1800 г.) во внутреннем дворе Воронцовского дворца, в котором помещался Пажеский корпус.
19 Скобарь: обидное прозвище псковичей.
20 Soft embalmer (англ.): «нежный утешитель» — см. сонет Китса «To the Sleep» («К сну»).
21 Пропущенные строфы: подражание Пушкину. См. «Об Евгении Онегине»: «Смиренно сознаюсь также, что в Дон Жуане есть две выпущенные строфы», писал Пушкин.

ANMERKUNGEN DES REDAKTEURS

1 Antinoos: ein schöner Jüngling der Antike.
2 „Bist du es, Verwirrerin-Psyche": die Heldin des gleichnamigen Stücks von Juri Beljajew.
3 Le jour des rois (franz.): Vorabend des Dreikönigstages: 5. Januar.
4 Dappertutto: Pseudonym Wsewolod Meyerholds.
5 Jochanaan: der heilige Johannes der Täufer.
6 Tal Josaphat: der angenommene Ort des Jüngsten Gerichtes.
7 Lisiska: Pseudonym der Kaiserin Messalina in den römischen Spelunken.
8 Eiche von Mamre: siehe Genesis.
9 Hammurabi, Lykurg, Solon: Gesetzgeber.
10 Bundeslade: biblisch.
11 Saal: der Weiße Spiegelsaal – eine Arbeit von Quarenghi – im Fontanny dom, gegenüber der Wohnung des Autors.
12 „Hund": der „Streunende Hund", ein Künstlerkabarett der Jahre um 1910.
13 Lote aus Sodom: siehe Genesis, Kap. [XIX]
14 Springbrunnengrotte: von Argunow 1757 im Garten des Palais Scheremetjew (des sog. Fontanny dom) errichtet; wurde nach 1910 abgetragen (siehe Lukomski, S. [?]).
15 Korridor der Petrinischen Kollegien: der Korridor der Petersburger Universität.
16 Petruschkas Maske: „Petruschka", Ballett von Strawinsky.
17 „Komm, o Taube!": Kirchengesang. Das Lied wurde gesungen, wenn die Braut in der Kirche den Teppich betrat.
18 Maltheserkapelle: errichtet nach einem Projekt von Quarenghi (von 1798 bis 1800) im Innenhof des Palais Woronzow, in dem das Pagenkorps untergebracht war.
19 Gerber: Spottname für die Leute aus Pskow.
20 Soft embalmer (engl.): „sanfter Tröster"; siehe das Sonett „To the Sleep" von Keats.
21 Die ausgelassenen Strophen sind eine Nachahmung Puschkins. Vgl. „Über Eugen Onegin": „Auch bekenne ich demütig, daß es im ‚Don Juan' zwei ausgelassene Strophen gibt", schrieb Puschkin.

22 Баута: маска с капюшоном.

23 Звездная Палата (англ.): тайное судилище, которое помещалось в зале, где на потолке было изображено звездное небо.

24 См. знаменитое стихотворение Шелли «To the Skylark» («К жаворонку»).

25 Георг: лорд Байрон.

26 Клара Газуль: псевдоним Мериме.

27 Волково Поле: старое название Волкова кладбища.

28 Раньше поэма кончалась так:

А за мною, тайной сверкая
И назвавши себя — «Седьмая»,*
На неслыханный мчалась пир,
Притворившись нотной тетрадкой,
Знаменитая Ленинградка
Возвращалась в родной эфир.

* «Седьмая» — Ленинградская симфония Шостаковича. Первую часть этой симфонии автор вывез из осажденного города 29 сентября 1941 г.

22 Bautta (ital.): Maskenmantel mit Kapuze.

23 Sternkammer (engl.): geheimes Gericht in England, das seinen Sitz in einem Saal hatte, an dessen Decke der Sternenhimmel dargestellt war.

24 Siehe das berühmte Gedicht von Shelley „To the Skylark“.

25 George: Lord Byron.

26 Clara Gazul: Pseudonym Mérimées.

27 Wolkowo-Feld: die alte Bezeichnung des Wolkowo-Friedhofs.

28 Früher endet das Poem folgendermaßen:

Und hinter mir her im Glanz ihres Rätsels
Flog, die sich die „Siebente“* nannte,
Zu einem Gastmahl, das beispiellos war,
Verkleidet als einfaches Notenheft, sie,
Die doch die Leningraderin war,
Zurück in den heimischen Äther.

* „Siebente“: die Leningrader Sinfonie von Schostakowitsch. Den ersten Teil dieser Sinfonie nahm der Autor am 29. September 1941 aus dem belagerten Leningrad mit.

Дополнения

(Строфы, не вошедшие в текст «Поэмы без героя»)

ПЕТЕРБУРГ В 1913 ГОДУ

За заставой воет шарманка,
Водят мишку, пляшет цыганка
На заплеванной мостовой.
Паровик идет до Скорбящей,
И гудочек его щемящий
Откликается над Невой.
В черном ветре злоба и воля.
Тут уже до Горячего Поля,
Вероятно, рукой подать.
Тут мой голос смолкает вещий,
Тут еще чудеса похлеще,
Но уйдем — мне некогда ждать.

1961

К «ПОЭМЕ БЕЗ ГЕРОЯ»
(Блуждающая в списке 55 года строфа)

А за правой стенкой, откуда
Я ушла, не дождавшись чуда,
В сентябре в ненастную ночь —
Старый друг не спит и бормочет,
Что он больше, чем счастья, хочет
Позабыть про царскую дочь.

1955

Что бормочешь ты, полночь наша?
Всё равно умерла Параша,
Молодая хозяйка дворца,

(Ergänzungen)

(Strophen, die nicht ins „Poem ohne Held" eingegangen sind)

PETERSBURG IM JAHRE 1913

Die Drehorgel heult in der Vorstadt,
Es dreht sich der Bär, und es tanzt
Die Zigeunerin auf dem Pflaster.
Nach Maria Trost fährt die Dampfstraßenbahn,
Ihr herzbeklemmendes Heulen
Hallt über die ganze Newá.
Im Wind, dem schwarzen, sind Freiheit und Zorn,
Und nur ein Katzensprung ist es
Von hier bis zum Heißen Feld.
Hier verstummt meine kündende Stimme,
Denn hier gibts noch wirkliche Wunder,
Doch gehn wir – zum Warten fehlt Zeit.

1961

ZUM „POEM OHNE HELD"
(Umherirrende Strophe aus einer Abschrift des Jahres 1955)

Doch hinter der Wand zur Rechten,
Die ich müde des Wartens auf Wunder verließ,
In verregneter Nacht im September
Liegt schlaflos mein Freund, und er brabbelt,
Daß, mehr als das Glück, er sich wünscht,
Zu vergessen die Meeresprinzessin.

1955

Was murmelst du, Mitternacht, unsre?
Parascha ist tot, die junge
Gebieterin des Palasts.

Не достроена галерея —
Эта свадебная затея,
Где опять под подсказку Борея
Это всё я для вас пишу.
Тянет ладаном из всех окон,
Срезан самый любимый локон,
И темнеет овал лица.

5 января 1941

ОТРЫВОК

Чтоб посланец давнего века
Из заветного сна Эль-Греко
Объяснил мне совсем без слов,
А одной улыбкою летней,
Как была я ему запретней
Всех семи смертельных грехов.

1963

И особенно, если снится
То, что скоро должно случиться:
  Смерть повсюду — Город в огне,
И Ташкент в цвету подвенечном.
О безбольном, верном и вечном
  Ветр азийский расскажет мне.

1959

И уже, заглушая друг друга,
Два оркестра из тайного круга
  Звуки шлют в лебединую сень.
Но где голос мой и где эхо,
В чем спасенье и в чем помеха,
  Где сама я и где только тень.
Как спастись от второго шага. . .

Nicht vollendet ist die Galerie,
Diese Hochzeitsidee,
Wo ich nach des Boreas Diktat
Wieder all dies für euch schreibe.
Der Weihrauch weht aus den Fenstern,
Ab schnitt man die Locke, die liebe,
Dunkel wird das Oval des Gesichts.

5. Januar 1941

FRAGMENT

Nicht daß mir den Traum des El Greco
Eines fernen Jahrhunderts Gesandter
Erkläre ganz ohne ein Wort,
Sondern nur mit dem Lächeln des Sommers,
Wie ich für ihn verbotner gewesen,
Als es je alle Todsünden waren.

1963

Und vor allem dann in den Träumen
Das alles, was bald sich ereignet:
   Der Tod überall – in Flammen die STADT,
Und in Hochzeitsblüten Taschkent.
Von etwas Schmerzlosem, sicher und ewig,
   Erzählt der asiatische Wind.

1959

Und schon senden, sich übertönend,
Aus geheimem Kreis zwei Orchester
   Ihren Klang in den Schatten des Parks.
Irgendwo meine Stimme, ihr Echo,
Irgendwo meine Rettung, ihr Hemmnis,
   Irgendwo bin ich selbst, ist mein Schatten.
Doch wie den zweiten Schritt nicht zu gehn . . .

Институтка, кузина, Джульетта!. .
Не дождаться тебе корнета,
  В монастырь ты уйдешь тайком.
Нем твой бубен, моя цыганка,
И уже почернела ранка
  У тебя под левым соском.

Institutka*, Cousine, Giuletta,
Nicht die Frau wirst du sein des Kornetts,
  Sondern heimlich im Kloster verschwinden.
Es verstummte, Zigeunerin, dein Tamburin,
Und geschwärzt hat sich schon deine Wunde,
  Die winzige, auf deiner Brust.

* Schülerin eines (Adels-) Instituts. (Der Verlag)

ANHANG

ANNA ACHMATOWA

Kurz über mich

Am 11. (23.) Juni 1889 wurde ich in Bolschoi Fontan bei Odessa geboren. Mein Vater, Ingenieuroffizier der Flotte, war bereits im Ruhestand. Mit einem Jahr kam ich nach dem Norden, nach Zarskoje Selo. Dort blieb ich bis zu meinem sechzehnten Lebensjahr.

Meine ersten Erinnerungen sind mit Zarskoje Selo verbunden, mit den Parkanlagen in ihrer nassen grünen Pracht, der Weide, zu der mich die Kinderfrau führte, der Rennbahn, auf der kleine, scheckige Pferde galoppierten, dem alten Bahnhof und allem anderen, was später in die „Ode an Zarskoje Selo" einging.

Den Sommer verbrachte ich jedes Jahr am Ufer der Strelezker Bucht bei Sewastopol. Dort freundete ich mich auch mit dem Meer an. Doch am meisten beeindruckte mich damals das benachbarte alte Cherson.

Lesen lernte ich nach dem Alphabet Lew Tolstois. Mit fünf Jahren bemächtigte ich mich auch des Französischen durch Zuhören beim Unterricht der älteren Kinder.

Mein erstes Gedicht schrieb ich mit elf Jahren. Die Dichtung begann für mich nicht mit Puschkin und Lermontow, sondern mit Dershawin („Auf der Geburtstagsfeier eines Knaben in Purpur") und Nekrassow („Waldkönig Frost"). Diese Gedichte kannte meine Mutter auswendig.

Ich lernte im Mädchengymnasium von Zarskoje Selo. Zuerst schlecht, dann besser, jedoch nie mit Lust.

1905 trennten sich meine Eltern, und meine Mutter übersiedelte mit den Kindern nach dem Süden. Ein ganzes Jahr lebten wir in Jewpatorija, wo ich zu Hause den Stoff der Unterprima durchnahm, Zarskoje Selo nachtrauerte und viele hilflose Gedichte schrieb. Das Echo der Revolution von 1905 erreichte nur gedämpft das weltabgeschiedene Jewpatorija. Die Prima absolvierte ich im Kiewer Funduklejew-Gymnasium, das ich im Jahre 1907 beendete.

Anschließend besuchte ich die Juristische Abteilung höherer Mädchenkurse in Kiew. Solange ich Geschichte des Rechts und besonders Latein zu lernen hatte, war ich zufrieden;

kaum aber begannen die rein juristischen Fächer, da erlosch mein Interesse für das Studium.
1910 heiratete ich N. S. Gumiljow, und wir fuhren für einen Monat nach Paris.
Der Bau neuer Boulevards am lebendigen Leib von Paris (den Zola beschrieben hat) war noch nicht ganz abgeschlossen (der Boulevard Raspail). Werner, ein Freund Edisons, zeigte mir im Taverne de Panthéon zwei Tische: „Da sitzen eure Sozialdemokraten – hier die Bolschewiki, dort die Menschewiki." Mit wechselndem Erfolg trugen die Frauen bald Hosenröcke (jupes-culottes), bald Wickelröcke (jupes entravées). Gedichte waren nicht mehr gefragt; gekauft wurden sie nur noch wegen der Vignetten mehr oder minder renommierter Künstler. Ich begriff schon damals, daß die Pariser Malerei die französische Poesie absorbiert hatte.
Nach Rußland zurückgekehrt, besuchte ich in Petersburg Rajews Hochschullektionen über Literaturgeschichte. Zu dieser Zeit schrieb ich bereits Gedichte, die später in mein erstes Buch eingingen.
Als mir die Korrekturabzüge der „Zypressenholzschatulle" von Innokenti Annenski vor Augen kamen, war ich erschüttert. Während der Lektüre vergaß ich alles andere auf der Welt.
1910 wurde die Krise des Symbolismus offensichtlich. Die jungen Dichter schlossen sich dieser Strömung nicht mehr an. Die einen gingen zu den Futuristen, die anderen zu den Akmeisten. Zusammen mit Mandelstam, Senkewitsch und Narbut, meinen Kollegen aus der Ersten Werkstatt der Dichter, wurde ich Akmeistin.
Das Frühjahr 1911 verbrachte ich in Paris, wo ich die ersten Triumphe des russischen Balletts miterlebte. 1912 reiste ich durch Norditalien (Genua, Pisa, Florenz, Bologna, Padua, Venedig). Der Eindruck von der italienischen Malerei und Architektur war gewaltig, fast wie ein Traum, den man nie mehr vergißt.
1912 erschien mein erster Gedichtband: „Abend". Gedruckt wurden nur dreihundert Exemplare. Die Kritik nahm den Band wohlwollend auf.
Am 1. Oktober 1912 wurde mein einziger Sohn Lew geboren.

Im März 1914 erschien mein zweites Buch: „Rosenkranz". Es sollte nur knappe sechs Wochen leben. Anfang Mai klang die Petersburger Saison ab, und die Stadt leerte sich allmählich. Diesmal war es eine Trennung von Petersburg auf ewig. Wir kehrten nicht mehr nach Petersburg zurück, sondern nach Petrograd – aus dem 19. Jahrhundert unvermittelt in das 20. Alles war anders geworden, selbst das Äußere der Stadt. Man sollte meinen, das Bändchen Liebeslyrik eines jungen Autors wäre in den welthistorischen Ereignissen untergegangen. Doch die Zeit wollte es anders.

Den Sommer verbrachte ich stets im ehemaligen Gouvernement Twer, fünfzehn Werst von Beshezk entfernt. Eine reizlose Gegend: auf hügligem Gelände gleichmäßige Quadrate gepflügter Felder, Mühlen, Bruchwiesen, trockengelegte Sümpfe, Torpforten, Getreide, Getreide ... Dort habe ich sehr viele Gedichte der Bände „Rosenkranz" und „Weißer Vogelschwarm" geschrieben. Der „Weiße Vogelschwarm" erschien im September 1917.

Diesem Buch gegenüber sind Leser und Kritiker ungerecht. Sie meinen, es hätte weniger Anklang gefunden als der „Rosenkranz". Dabei erblickte diese Sammlung unter noch unglücklicheren Umständen das Licht der Welt als die vorangegangene. Das Verkehrswesen lag darnieder. Nicht einmal nach Moskau konnte das Buch gelangen; es wurde restlos in Petrograd abgesetzt. Zeitschriften und Zeitungen hatten ihr Erscheinen eingestellt. So war es kein Wunder, daß dem „Weißen Vogelschwarm" zum Unterschied vom „Rosenkranz" ein lebhafter Pressewiderhall versagt blieb. Hunger und Chaos wuchsen mit jedem Tag. Sonderbar, daß alle diese Umstände heute nicht mehr berücksichtigt werden.

Nach der Oktoberrevolution arbeitete ich in der Bibliothek des Instituts für Agronomie. 1921 erschien mein Gedichtband „Wegerich", 1922 „Anno Domini".

Seit Mitte der zwanziger Jahre galt mein Interesse vornehmlich der Architektur des alten Petersburg und dem Leben und Schaffen Puschkins. Das Ergebnis meiner Puschkin-Studien waren drei Arbeiten: über den „Goldenen Hahn", über Benjamin Constants „Adolphe" und über den „Steinernen Gast". Sie alle wurden seinerzeit gedruckt.

Die Arbeiten „Alexandrina", „Puschkin und die Newaküste", „Puschkin im Jahre 1828", mit denen ich mich die letzten, nahezu zwanzig Jahre beschäftigt habe, werden wahrscheinlich in das Buch „Puschkins Tod" eingehen.
Mitte der zwanziger Jahre wurde die Veröffentlichung meiner Gedichte, sowohl der neuen wie der alten, fast völlig eingestellt.
Der Vaterländische Krieg 1941 fand mich in Leningrad. Ende September, schon während der Blockade, wurde ich nach Moskau ausgeflogen.
Bis Mai 1944 wohnte ich in Taschkent. Begierig nahm ich alle Nachrichten über Leningrad, über die Front auf. Gleich anderen Dichtern war ich oft in Lazaretten, ich trug den verwundeten Soldaten Gedichte vor. In Taschkent habe ich erstmals erfahren, was in sengender Hitze der Schatten eines Baumes und der Klang des Wassers bedeuten. Und noch etwas habe ich kennengelernt – menschliche Güte: In Taschkent war ich oft und schwer krank.
Im Mai 1944 flog ich in das frühlingshafte Moskau, das schon erfüllt war von freudiger Hoffnung und von der Erwartung des nahen Sieges. Im Juni kehrte ich nach Leningrad zurück.
Das gespenstische Antlitz meiner Stadt schockierte mich dermaßen, daß ich die Begegnung mit ihr in Prosa beschrieb. Damals entstanden meine Skizzen „Drei Stengel Flieder" und „Zu Gast beim Tod". Die letzte Skizze handelt von einem Gedichtvortrag an der Front bei Terioki. Prosa war für mich immer Geheimnis und Verführung zugleich. Über Gedichte wußte ich von Jugend an alles, über Prosa wußte ich nie etwas. Meinen ersten Versuch haben alle sehr gelobt. Ich habe es natürlich nicht geglaubt. Ich wandte mich an Soschtschenko. Er riet, einiges zu streichen, mit dem Rest sei er einverstanden. Ich war froh. Später, nach der Verhaftung meines Sohnes, verbrannte ich die Skizzen mitsamt dem ganzen Archiv.
Lange schon interessierte mich die Übersetzung schöner Literatur. In den Nachkriegsjahren habe ich viel übersetzt. Ich übersetze auch jetzt.
1962 beendete ich mein „Poem ohne Held", an dem ich zweiundzwanzig Jahre geschrieben habe. Letzten Winter, vor Beginn des Dante-Jahres, habe ich wieder italienische

Laute gehört: Ich war in Rom und auf Sizilien. Im Frühjahr 1965 reiste ich in die Heimat von Shakespeare, sah den britischen Himmel und den Atlantischen Ozean, traf mit alten Freunden zusammen und lernte neue kennen. Noch einmal weilte ich in Paris.
Ich habe nie aufgehört, Gedichte zu schreiben. Für mich waren sie die Verbindung zur Zeit, zum neuen Leben meines Volkes. Beim Dichten war ich erfüllt vom Rhythmus der heldenhaften Geschichte meines Landes. Ich bin glücklich, in unvergleichlichen Jahren gelebt zu haben und Zeuge einmaliger Ereignisse gewesen zu sein.

1965

ANNA ACHMATOWA

Amedeo Modigliani

Ich traue denen, die ihn anders beschreiben, als ich ihn kannte, und zwar aus folgendem Grund. Erstens konnte ich nur eine Seite seines Wesens (die strahlende) kennengelernt haben – ich war schließlich eine fremde, sicher selber sehr unverständliche zwanzigjährige Frau, eine Ausländerin; zweitens hatte ich an ihm eine große Veränderung bemerkt, als wir uns 1911 wiedersahen. Er war ganz finster geworden und eingefallen.
1910 sah ich ihn außerordentlich selten, wenige Male nur. Dennoch schrieb er mir den ganzen Winter über.* Daß er dichtete, sagte er mir nicht.
Ich weiß jetzt, daß ihn an mir am meisten die Eigenschaft faszinierte, Gedanken lesen zu können, fremde Träume zu träumen und ein paar andere Sachen, die allen, die mich kannten, längst vertraut waren. Immer wieder sagte er: *„On communique.“*** Häufig auch: *„Il n'y a que vous pour réaliser cela.“****
Wahrscheinlich begriffen wir beide etwas Entscheidendes nicht: Alles, was geschah, war für uns beide die Vorgeschichte unseres Lebens: seines sehr kurzen, meines sehr langen. Der Atem der Kunst hatte diese beiden Geschöpfe noch nicht mit seinem Brand versengt, noch nicht verwandelt, es muß die helle leichte Stunde der Morgendämmerung gewesen sein. Doch die Zukunft, die bekanntlich ihre Schatten vorauswirft lange bevor sie eintritt, klopfte ans Fenster, verbarg sich hinter Laternen, durchfuhr die Träume und schreckte als das furchtbare Paris Baudelaires, das irgendwo nebenan steckte. Und alles Göttliche an Modigliani schimmerte nur durch ein Dunkel. Er hatte den Kopf

* Einige Sätze aus seinen Briefen weiß ich noch, einer war: *„Vous êtes en moi comme une hantise“* (Sie sind für mich wie eine Überschwemmung).
** „Wir verstehen einander.“
*** „Nur Sie vermögen das.“
(Hier und im weiteren sind die Fußnoten – außer den Übersetzungen aus dem Französischen und falls nicht anders vermerkt – Anmerkungen der Autoren.)

des Antinoos, und in seinen Augen war ein goldenes Funkeln – er glich niemandem auf der Welt. Seine Stimme ist mir für immer in Erinnerung geblieben. Ich kannte ihn bettelarm, und es war unverständlich, wovon er lebte. Als Maler war er nicht im geringsten anerkannt.

Er wohnte damals (1911) in der Impasse Falguière. Er war so arm, daß wir im Jardin du Luxembourg immer auf einer Bank saßen und nicht, wie es an sich üblich war, auf Stühlen, für die man zahlte. Er klagte nicht, weder über die offensichtliche Armut noch über die offensichtliche Nichtanerkennung. Ein einziges Mal sagte er 1911, es sei ihm im vergangenen Winter so schlecht gegangen, daß er selbst an sein Liebstes nicht habe denken können.

Er kam mir vor wie eingeschlossen vom breiten Ring der Einsamkeit. Ich erinnere mich nicht, ihn im Jardin du Luxembourg oder im Quartier Latin, wo man sich mehr oder weniger untereinander kennt, jemanden grüßen gesehen zu haben. Nie hörte ich ihn den Namen eines Bekannten nennen, eines Freundes oder Malers, und nie hörte ich ihn scherzen. Nicht ein einziges Mal sah ich ihn betrunken, und er roch nicht nach Wein. Offenbar begann er erst später zu trinken, aber Haschisch spielte in seinen Erzählungen schon eine Rolle. Eine *offenkundige* Lebensgefährtin hatte er damals nicht. Nie erzählte er Geschichten über die Verliebtheit zuvor (was doch sonst alle tun). Mit mir sprach er über nichts Irdisches. Er war zuvorkommend, doch nicht infolge häuslicher Erziehung, sondern auf der Höhe seiner Geistigkeit.

Zu dieser Zeit beschäftigte ihn eine Skulptur, er arbeitete auf dem kleinen Hof neben seinem Atelier (in der menschenleeren Sackgasse hörte man den Klang seines Hämmerchens), in Arbeitssachen. Die Wände seines Ateliers hingen voller Porträts von unglaublicher Länge (vom Boden bis zur Decke, scheint mir jetzt). Reproduktionen habe ich nirgends gesehen – ob sie erhalten sind? Die Skulptur nannte er *la chose** – sie wurde, glaube ich, 1911 bei den Indépendants ausgestellt. Er bat mich, sie mir anzusehen, kam aber in der Ausstellung nicht zu mir, weil ich nicht allein, sondern mit Freunden gekommen war. Die Fotografie dieser Sache, die er mir geschenkt hatte, verschwand in der Zeit meiner großen Verluste.

* die Sache.

Zu dieser Zeit schwärmte er für Ägypten. Er zeigte mir im Louvre die ägyptische Sammlung und versicherte, alles übrige, *„tout le reste“*, brauche man nicht zu sehen. Er zeichnete meinen Kopf im Schmuck ägyptischer Königinnen und Tänzerinnen und schien vollkommen ergriffen von der großen Kunst Ägyptens. Bestimmt war Ägypten sein letzter Schwarm. Schon kurz darauf wird er so selbständig, daß man beim Betrachten seiner Bilder an nichts anderes erinnert wird. Jetzt nennt man diese Periode Modiglianis die Période nègre.

*

Er sagte: *„Les bijoux doivent être sauvages“** (über meine afrikanischen Glasperlen) und zeichnete mich mit ihnen. Nachts im Mondschein zeigte er mir *le vieux Paris derrière le Panthéon***. Er kannte die Stadt gut, und doch haben wir uns einmal verirrt. Er sagte: *„J'ai oublié qu'il y a une île au milieu (L'île St-Louis).“**** Es war das wirkliche Paris, das er mir zeigte.

Über die Venus von Milo sagte er, schön gebaute Frauen, die zu modellieren oder zu zeichnen sich lohne, wirkten in Kleidern immer plump. Wenn es regnete (es regnet oft in Paris), ging Modigliani mit einem riesigen, sehr alten schwarzen Schirm. Manchmal saßen wir unter diesem Schirm auf einer Bank im Jardin du Luxembourg, warmer Sommerregen fiel, in der Nähe schlummerte *le vieux palais à l'italienne*†, und wir sprachen zweistimmig Verlaine, den wir gut auswendig kannten, und freuten uns, daß wir auf die gleichen Sachen kamen.

In einer amerikanischen Monographie las ich, daß wahrscheinlich Beatrice H.†† einen großen Einfluß auf ihn ge-

* „Die Perlen (wörtl.: der Schmuck) müssen wild sein.“

** das alte Paris hinter dem Panthéon.

*** „Ich habe vergessen, daß es die Insel mittendrin gibt (die Insel Saint-Louis).“

† der alte italienische Palast.

†† eine Zirkusreiterin aus Transvaal. (Siehe den Aufsatz von P. Guillaume in „Les arts à Paris“, 1920, Nr. 6, S. 1–2.) Der Untertext ist offenbar: „Wie konnte ein Judenjunge aus der Provinz so umfassend und gründlich gebildet sein?“

habt habe, dieselbe, die ihn *„perle et pourceau"** genannt hat. Ich kann und muß bezeugen, daß Modigliani schon lange vor der Bekanntschaft mit Beatrice H., das heißt im Jahre 1910, ebenso gebildet war. Wobei ja wohl eine Dame, die den großen Künstler ein Ferkel nennt, kaum jemanden zu bilden imstande sein dürfte.
Ältere Leute zeigten uns die Allee im Jardin du Luxembourg, die Verlaine aus „seinem Café" kommend, wo er Tag für Tag den Ton angab, mit einem Schwarm von Verehrern in „sein Restaurant" zum Mittagessen gegangen war. Doch 1911 kam diese Allee nicht Verlaine entlang, sondern ein großer Herr in tadellosem Gehrock, Zylinder, Schleife der Ehrenlegion – die Nachbarn flüsterten: „Henri de Regnier!"
Für uns beide hatte dieser Name keinen Klang. Von Anatole France wollte Modigliani (wie übrigens auch die anderen gebildeten Pariser) nichts wissen. Er freute sich, daß ich ihn auch nicht mochte. Verlaine existierte im Jardin du Luxembourg nur als Denkmal, das im gleichen Jahr eingeweiht worden war. Und von Hugo sagte Modigliani nur: *„Mais Hugo – c'est déclamatoire."***

*

Einmal hatten wir uns wohl ungenau verabredet. Ich traf Modigliani, als ich ihn abholen wollte, nicht an und beschloß, ein paar Minuten auf ihn zu warten. Ich hatte einen Strauß rote Rosen mitgebracht. Das Fenster über der verschlossenen Ateliertür stand offen. Da mir nichts Besseres einfiel, warf ich die Blumen in sein Atelier. Ich wartete nicht weiter auf Modigliani und ging.
Als wir uns wiedersahen, staunte er, wie ich in das verschlossene Zimmer gelangt sei, wo er doch den Schlüssel bei sich trug. Ich erklärte ihm, wie sich alles zugetragen hatte. „Das ist unmöglich – sie haben so schön gelegen . . ."
Modigliani wanderte nächtelang durch Paris, und häufig, wenn ich seine Schritte in der schläfrigen Stille der Straße hörte, ging ich ans Fenster und beobachtete durch die Jalousie seinen Schatten, der unter meinen Fenstern verhielt.

* „Perle und Ferkel".
** „Aber Hugo – das ist Schwulst."

Was damals Paris war, hieß schon Anfang der zwanziger Jahre *„vieux Paris“* * oder *„Paris d'avant guerre“* **. Die Fiaker florierten noch. Die Kutscher hatten ihre eigenen Kneipen, die *„Rendez-vous des cochers“* *** hießen, und meine jungen Zeitgenossen waren noch am Leben, die bald an der Marne und vor Verdun fallen würden. Alle linken Maler waren anerkannt – außer Modigliani. Picasso war genauso berühmt wie heute, nur sagte man damals „Picasso und Braque“. Ida Rubinstein spielte die Scheherezade, Djaghilews ballets russes (Strawinsky, Nishinski, Pawlowa, Karsawina, Bakst) wurden elegante Tradition.
Wir wissen heute, daß auch Strawinskys Schicksal nicht an die zehner Jahre gefesselt blieb, daß sein Werk zum höchsten musikalischen Ausdruck des Geistes des 20. Jahrhunderts wurde. Damals wußten wir das nicht. Am 20. Juni 1910 wurde der „Feuervogel“ aufgeführt. Am 13. Juni 1911 inszenierte Fokin bei Djaghilew „Petruschka“.
Die Anlage neuer Boulevards durch den lebendigen Leib von Paris (die Zola beschrieben hat) war noch nicht ganz abgeschlossen (Boulevard Raspail). Werner, ein Freund Edisons, zeigte mir im Taverne de Panthéon zwei Tische und sagte: „Und das sind ihre Sozialdemokraten – hier die Bolschewiki und dort die Menschewiki.“ Mit wechselndem Erfolg trugen die Frauen mal Hosen (jupes-culottes), mal fast Wickelgamaschen (jupes entravées). Die Poesie war völlig verwildert, und man kaufte sie nur wegen der Vignetten mehr oder weniger bekannter Maler. Mir war schon damals klar, daß die Malerei von Paris die Poesie vertilgt hatte.
René Ghil verkündete die „wissenschaftliche Poesie“, und seine sogenannten Schüler besuchten den Maître mit allergrößter Unlust.
Die katholische Kirche kanonisierte Jeanne d'Arc.

> Où est Jeanne la bonne Lorraine
> Qu'Anglais brulèrent à Rouen?
>
> Villon†

* „das alte Paris“.

** „das Vorkriegs-Paris“.

*** „Rendezvous der Kutscher“.

† ... und Jeanne d'Arc von Orleans, / die verbrannt ward in Rouen – (Villon, Ballade von den Frauen vergangener Zeiten; Nachdichtung von K. L. Ammer).

Mir fielen diese Verse der unsterblichen Ballade ein, als ich die kleinen Statuetten der neuen Heiligen sah. Sie waren von höchst zweifelhaftem Geschmack und wurden in den Läden für Kirchengerät verkauft.

*

Ein italienischer Arbeiter stahl die „Gioconda" des Leonardo, um sie in die Heimat zurückzubringen, und ich glaubte (schon wieder in Rußland), ich hätte sie als letzte gesehen.
Modigliani bedauerte sehr, daß er meine Gedichte nicht verstand, und argwöhnte, daß sie irgendwelche Geheimnisse bargen, dabei waren es nur die ersten, schüchternen Versuche (zum Beispiel im „Apollon" 1911). Über die Malerei im „Apollon" („Mir iskusstwa") machte sich Modigliani offen lustig.
Mich verblüffte, daß Modigliani einen eindeutig häßlichen Menschen schön fand und sehr darauf bestand. Ich dachte damals schon: Er sieht sicher alles anders als wir.
Jedenfalls hat Modigliani das, was man in Paris Mode nennt und mit kostbaren Beinamen schmückt, einfach nicht zur Kenntnis genommen.
Er zeichnete mich nicht nach der Natur, sondern bei sich zu Hause – diese Zeichnungen schenkte er mir. Es waren sechzehn. Er bat mich, sie zu rahmen und in mein Zimmer zu hängen. Sie gingen in Zarskoje Selo während der ersten Revolutionsjahre verloren. Erhalten blieb die, in der seine späteren Akte* weniger als in den anderen zu ahnen sind.
Am meisten sprachen wir über Gedichte. Wir kannten beide sehr viele französische Gedichte: Verlaine, Laforgue, Mallarmé, Baudelaire.
Später begegnete ich einem Maler, der Gedichte liebte und verstand wie Modigliani – Alexander Tyschler. Das gibt es so selten unter Malern.
Dante hat er mir nie rezitiert. Vielleicht weil ich damals noch nicht Italienisch konnte.

* Der bekannte Kunsthistoriker, mein Freund N. I. Chardshiew, widmete dieser Zeichnung eine sehr interessante Skizze, die diesem Aufsatz beigefügt ist.

Einmal sagte er: *„J'ai oublié de vous dire que je suis juif.“* * Daß er in der Nähe von Livorno geboren sei, sagte er sofort, auch daß er vierundzwanzig sei. Dabei war er sechsundzwanzig.

Er erzählte, daß ihn Aviatoren (Flieger sagen wir jetzt) interessiert hätten, aber als er einen kennenlernte, enttäuscht gewesen sei: sie seien einfach Sportler. (Was hatte er anderes erwartet?)

Zu dieser Zeit kreisten die frühen, leichten** und, wie jedermann weiß, bücherregalähnlichen Aeroplane über meinem rostigen und schiefen Altersgenossen (1889) – dem Eiffelturm.

Er kam mir vor wie ein gigantischer Leuchter, den ein Riese inmitten der Hauptstadt der Zwerge vergessen hatte. Doch das ist schon Gullivers Reich.

*

... und um uns tobte der Kubismus, der eben gesiegt hatte und Modigliani fremd geblieben war.

Marc Chagall hatte schon sein verzaubertes Witebsk nach Paris gebracht, und über die Boulevards von Paris spazierte in Gestalt eines unbekannten jungen Mannes der noch nicht aufgegangene Stern – Charlie Chaplin. „Das große Stumme“ (wie man damals das Kino nannte) wahrte noch sein beredtes Schweigen.

*

„Doch fern im Norden ...“, in Rußland, starben Lew Tolstoi, Wrubel, Wera Komissarshewskaja, die Symbolisten erklärten, sie befänden sich in der Krise, und Alexander Blok prophezeite:

> O Kinder, wüßtet ihr etwas
> Von kommender Zeiten Frost und Nacht!

* „Ich habe vergessen, Ihnen zu sagen, daß ich Jude bin.“

** Vgl. bei Gumiljow: На тяжёлых и гулких машинах / Грозовые пронзать облака. (Auf den *schweren* und dumpfen Maschinen / Die Gewitterwolken durchstößt ...) .

Die drei Wale, auf denen heute das 20. Jahrhundert ruht – Proust, Joyce und Kafka –, es gab sie noch nicht als Mythen, aber sie lebten schon – als Menschen.

*

Als ich in den folgenden Jahren, überzeugt, daß so ein Mensch erstrahlen müsse, die Parisreisenden nach Modigliani fragte, war die Antwort immer: kennen wir nicht, nie gehört.*

Nur einmal, als wir zum letztenmal gemeinsam zu unserem Sohn nach Beshezk fuhren (im Mai 1918) und ich Modiglianis Namen erwähnte, nannte ihn N. S. Gumiljow ein „betrunkenes Ungeheuer“ oder etwas in dieser Art und sagte, daß sie in Paris eine Auseinandersetzung gehabt hätten, weil Gumiljow in einer Gesellschaft russisch gesprochen und Modigliani dagegen protestiert hatte. Beide hatten noch etwa drei Jahre zu leben [. . .]

Reisenden begegnete Modigliani verächtlich. Er hielt Reisen für einen Ersatz wirklicher Tätigkeit. „Les chants de Maldoror“ trug er ständig bei sich; damals war dieses Buch eine bibliophile Seltenheit. Er erzählte, wie er Ostern in eine russische Kirche zur Morgenmesse ging, um die Kreuzprozession zu sehen, weil er prunkvolle Zeremonien liebte. Und wie ein „sicher sehr bedeutender Herr“ (bestimmt aus der Botschaft) mit ihm den Osterkuß tauschte. Modigliani hat wahrscheinlich gar nicht genau verstanden, was das bedeutet . . .

Lange dachte ich, ich würde nie mehr etwas von ihm hören . . . Doch ich hörte sehr viel von ihm . . .

*

Zu Beginn der NÖP, als ich Mitglied der Leitung des damaligen Schriftstellerverbandes war, tagten wir gewöhnlich im Arbeitszimmer von Alexander Nikolajewitsch Tichonow

* Ihn kannten weder A. Exter (eine Malerin, aus deren Schule alle „linken“ Maler Kiews hervorgingen) noch B. Anrep (der bekannte Mosaikkünstler), noch N. Altman, der in diesen Jahren – 1914 bis 1915 – mein Bild malte.

(Leningrad, Mochowaja 36, Verlag „Weltliteratur"). Die Postverbindungen mit dem Ausland kamen gerade wieder in Gang, und Tichonow erhielt viele ausländische Bücher und Zeitschriften. Jemand gab mir (während der Sitzung) eine Nummer eines französischen Kunstjournals. Ich schlug sie auf – eine Fotografie von Modigliani. Kleines Kreuz. Großer Artikel in der Art eines Nekrologs. Da erfuhr ich, daß er ein großer Künstler des 20. Jahrhunderts sei (man verglich ihn, erinnere ich mich, mit Botticelli), daß es schon Monographien in englisch und italienisch gebe. Später, in den dreißiger Jahren, erzählte mir Ehrenburg viel von ihm, der ihm in seinem Buch „Vorabend" ein Gedicht gewidmet und ihn in Paris nach mir gekannt hatte. Ich las über Modigliani in Carcos „Vom Montmarte zum Quartier Latin" und in einem Boulevardroman, wo der Verfasser ihn mit Utrillo in Verbindung brachte. Mit Gewißheit kann ich sagen, daß diese Hybride dem Modigliani der Jahre 1910 und 1911 ganz und gar unähnlich ist, und was der Verfasser da gemacht hat, gehört zur Klasse der unerlaubten Tricks.
Und kürzlich wurde Modigliani auch noch der Held des ziemlich banalen französischen Films „Montparnasse 19". Das ist sehr bitter!

Bolschewo 1959 – Moskau 1964

NIKOLAI CHARDSHIEW

Über eine Zeichnung von Amedeo Modigliani

In der langen Reihe von Darstellungen der Anna Achmatowa – Gemälden, Grafiken und Skulpturen – gebührt der Zeichnung von Modigliani zweifellos der erste Platz. Der Ausdruckskraft nach kann nur Mandelstams Vers-„Skulptur" der Achmatowa (1914)* mit ihr verglichen werden.
Interessiert stellt man fest, daß Modiglianis „Achmatowa" zufällig eine beinahe porträtgenaue Ähnlichkeit mit einer Federzeichnung hat, die sich in der Sammlung von Dr. Paul Alexander befindet – „Maud Abrantès écrivant au lit". Stilistisch haben diese Werke nichts Gemeinsames, sie gehören zu unterschiedlichen Phasen in der Evolution des Künstlers. Eine flüchtige Skizze nach der Natur, an die genialen Croquis von Toulouse-Lautrec erinnernd, ist das Porträt der Maud Abrantès (1908) ein Jahr vor Modiglianis Begegnung mit dem Bildhauer Constantin Brancuşi gezeichnet. Bekanntlich begeisterte sich Modigliani unter dem Einfluß von Brancuşi für die Negerkunst und widmete sich mehrere Jahre der Bildhauerei. Das Porträt der Achmatowa, das in dieser Zeit entstand, ist vom Künstler als figürliche Komposition behandelt und ähnelt außerordentlich einer vorbereitenden Zeichnung für eine Skulptur. Modigliani erreicht hier einen ungewöhnlich ausdrucksvollen linearen Rhythmus voller Einfalt und Ebenmaß. Daß die kleine Zeichnung in monumentalem Stil gearbeitet ist, erlaubt beliebige Veränderungen im Maßstab.
Die Freundschaft mit Brancuşi, einem der Begründer der abstrakten Kunst, führte Modigliani nicht zu abstrakten Experimenten mit der Form. Als der Kubismus den Ton angab, blieb Modigliani, ohne den Vorwurf des Traditionalismus zu scheuen, der menschlichen Gestalt treu und schuf eine bemerkenswerte Galerie von Porträts seiner Zeitgenossen. Nie

* Вполоборота, о печаль,
На равнодушных поглядела.
Спадая с плеч, окаменела
Ложноклассическая шаль.
(Der Verlag)

verlor er die Verbindung zur künstlerischen Kultur der italienischen Renaissance. Die Erinnerungen seiner Freunde wie die Arbeiten der Forscher wissen davon zu berichten.
Daher ist es nicht verwunderlich, wenn die Gestalt der Achmatowa mit der Figur eines der bekanntesten architektonischen und bildhauerischen Ensembles des 16. Jahrhunderts korrespondiert. Ich meine die allegorische Figur „Die Nacht“ auf dem Deckel des Sarkophags des Giuliano Medici, diese wohl bedeutendste und geheimnisvollste Frauengestalt Michelangelos.* Auf die „Nacht“ geht die kompositionelle Struktur von Modiglianis Zeichnung zurück. Wie die „Nacht“ ruht die Figur der „Achmatowa“ auf abfallendem Lager. Das Postament, mit dem die Figur ein geschlossenes konstruktives Ganzes bildet, wiederholt die gebogene (zweigliedrige) Linie des Deckels des zweifigurigen Sarkophags der Medici. Doch im Unterschied zur gespannten Stellung der „Nacht“, die von ihrem abfallenden Lager herabzugleiten scheint, ist die Figur auf Modiglianis Zeichnung statisch und ruhend wie eine ägyptische Sphinx.**
Wie Anna Achmatowa berichtet, hatte Modigliani nur eine dunkle Ahnung von ihr als Dichter. Ihre literarische Arbeit hatte ja damals auch eben erst begonnen. Und doch ist es dem Künstler mit seinem visionären Blick gelungen, das innere Gesicht der schöpferischen Persönlichkeit festzuhalten.
Vor uns liegt nicht die Darstellung der Anna Andrejewna Gumiljowa des Jahres 1911, sondern ein „achronologisches“ Bild des Dichters, der seiner inneren Stimme lauscht.
So schläft die marmorne „Nacht“ auf dem Sarkophag von Florenz. Sie schläft, aber es ist der Wachschlaf des Sehers.

4. Mai 1964

* Michelangelo widmete seiner „Nacht“ einen Vierzeiler, den Tjutschew ins Russische übertrug.

** Nachdem Anna Achmatowa diese Zeilen gelesen hatte, erinnerte sie sich, daß Modigliani in einem Gespräch Michelangelo erwähnte: „Große Leute dürfen keine Kinder haben“, sagte Modigliani. „C'est ridicule d'être le fils de Michel-Ange.“ (Es ist lächerlich, der Sohn Michelangelos zu sein.)

ANNA ACHMATOWA

Erinnerungen an Alexander Blok

Im Herbst 1913, am Tag der Feiern für Verhaeren, der Rußland besuchte, fand in Petersburg bei den Bestushew-Kursen ein großer geschlossener Abend (das heißt nur für die Kursistinnen) statt. Eine der Veranstalterinnen war darauf gekommen, mich einzuladen. Ich sollte an sich Verhaeren feiern, den ich zärtlich liebte, nicht wegen seines berühmten Urbanismus, sondern wegen eines kleinen Gedichts – „Auf einer hölzernen Brücke am Rande der Welt".

Ich sah die Pracht der Petersburger Restaurantfeiern vor mir, die immer irgendwie einer Totenfeier gleichen, Frack, guter Champagner und schlechtes Französisch, und Toaste – und entschied mich für die Kursistinnen.

Zu Gast waren an diesem Abend auch die Patronessen, die ihr Leben dem Kampf für die Gleichberechtigung der Frauen gewidmet hatten. Eine dieser Damen, die Schriftstellerin Ariadna Wladimirowna Tyrkowa-Wergeshskaja, die mich von Kind an kannte, sagte, nachdem ich gelesen hatte: „Ja, Anitschka hat für sich die Gleichberechtigung erobert."

In der Künstlergarderobe traf ich Blok.

Ich fragte ihn, warum er nicht zur Verhaeren-Feier gegangen sei. Der Dichter antwortete mit bestechender Aufrichtigkeit: „Weil man dort gebeten wird zu sprechen, und ich spreche nicht französisch."

Eine Kursistin kam mit der Liste zu uns und sagte, daß ich nach Blok lesen würde. Ich flehte: „Alexander Alexandrowitsch, ich kann nicht nach Ihnen lesen." Er – vorwurfsvoll – zur Antwort: „Anna Andrejewna, wir sind keine Tenöre." Blok war zu der Zeit schon der sehr bekannte Dichter Rußlands. Ich hatte seit zwei Jahren ziemlich oft meine Gedichte in der „Dichterwerkstatt", in der „Gesellschaft der Förderer des künstlerischen Wortes" und im „Turm" Wjatscheslaw Iwanows gelesen, aber hier war alles ganz anders.

So sehr die Bühne den Menschen verhüllt, so unerbittlich enthüllt ihn die Estrade. Die Estrade ist so etwas wie ein Richtplatz. Vielleicht empfand ich das damals zum ersten-

mal. Die Anwesenden schienen sich für den Vortragenden in eine vielköpfige Hydra zu verwandeln. Einen Saal zu beherrschen ist sehr schwer – Soschtschenko war darin genial. Auch Pasternak war gut auf der Estrade.
Niemand kannte mich, und als ich heraustrat, scholl es durch den Saal: „Wer ist das?"
Blok riet mir „Wir alle sind Trinker hier" zu lesen. Ich widersprach: „Wenn ich lese ‚Ich trag meinen engen Rock', lachen alle." Er antwortete: „Wenn ich lese ‚Und Trinker mit den Augen von Kaninchen', lachen sie auch."
Nicht dort, glaube ich, sondern auf irgendeinem literarischen Abend hörte Blok Igor Sewerjanin, kam in die Künstlergarderobe zurück und sagte: „Er hat die fettige Stimme eines Advokaten." An einem der letzten Sonntage des Jahres 13 ging ich zu Blok, um mir in seine Ausgabe etwas schreiben zu lassen. Er schrieb in jeden Band einfach: „Für Achmatowa – Blok." (Hier: die „Verse von der Schönen Dame".) Aber in das dritte Buch schrieb der Dichter das mir gewidmete Madrigal: „Grausam ist Schönheit." Nie trug ich einen spanischen Schal, in dem ich da beschrieben werde, aber zu dieser Zeit war Carmen sein Traum, und er hispanisierte auch mich. Auch die rote Rose habe ich selbstverständlich nie im Haar getragen. Es ist kein Zufall, daß dieses Gedicht in der spanischen Romancero-Strophe geschrieben ist. Und bei unserer letzten Begegnung hinter den Kulissen des Großen Dramatischen Theaters im Frühjahr 1921 kam Blok auf mich zu und fragte: „Und wo ist der spanische Schal?" Das sind die letzten Worte, die ich von ihm hörte.

*

Dieses eine Mal, als ich bei Blok war, erwähnte ich übrigens, daß der Dichter Benedikt Lifschiz sich darüber beklage, er, Blok, „hindere ihn durch seine bloße Existenz, Gedichte zu schreiben". Blok lachte nicht, sondern antwortete vollkommen ernst: „Das verstehe ich. Mich hindert Lew Tolstoi am Schreiben."
Im Sommer 1914 war ich bei meiner Mutter in Darniza bei Kiew. Anfang Juli fuhr ich über Moskau nach Hause zurück, in das Dorf Slepnewo. In Moskau nahm ich den ersten besten Postzug. Ich rauche draußen auf der Plattform.

Irgendwo, auf einer leeren Station bremst die Lokomotive, ein Sack mit Briefen wird hinausgeworfen. Da taucht vor meinem erstaunten Blick überraschend Blok auf. Ich schreie auf: „Alexander Alexandrowitsch!" Er sieht sich um, und da er nicht nur ein großer Dichter, sondern auch ein Meister taktvoller Fragen war, fragt er: „Mit wem reisen Sie?" Ich kann noch antworten: „Allein." Der Zug setzt sich in Bewegung.

Heute, einundfünfzig Jahre danach, schlage ich Bloks „Notizbuch" auf und lese unter dem 9. Juli 1914: „Mit Mutter besichtigten wir das Sanatorium bei Podsolnetschnoje. – Mich piesackt der Teufel. – Anna Achmatowa im Postzug."

Blok notiert an einer anderen Stelle, ich, Delmas und E. J. Kusmina-Karawajewa hätten ihn am Telefon heimgesucht. Ich glaube, ich kann dazu gewisse Aussagen machen.

Ich rief Blok an. Alexander Alexandrowitsch fragte mit der ihm eigenen Unverblümtheit, in seiner Art laut zu denken: „Sie rufen sicher an, weil Ihnen Ariadna Wladimirowna Tyrkowa mitgeteilt hat, was ich über Sie gesagt habe." Krank vor Neugier fuhr ich an einem ihrer Empfangstage zu Ariadna Wladimirowna und fragte, was Blok gesagt habe. Aber sie war unerbittlich: „Anitschka, ich sage meinen Gästen nie, was die anderen über sie gesagt haben."

Bloks „Notizbuch" ist voller kleiner Geschenke, aus dem Abgrund des Vergessens holt es die halbvergessenen Ereignisse herauf und gibt ihnen ihr Datum zurück: Wieder schwimmt die Isaak-Holzbrücke lodernd zur Mündung der Newa hinunter, und ich blicke mit meinem Begleiter voller Entsetzen auf dieses nie gesehene Schauspiel, und dieser Tag hat ein Datum, das Blok festhielt – 11. Juli 1916.

Wieder treffe ich – schon nach der Revolution (21. Januar 1919) – im Eßraum des Theaters einen abgemagerten Blok, Wahnsinn in den Augen, und er sagt: „Wir treffen uns hier alle wie im Jenseits." Und da essen wir zu dritt (Blok, Gumiljow und ich) Mittag (am 5. August 1914) auf dem Bahnhof von Zarskoje Selo in den ersten Tagen des Krieges (Gumiljow schon in Uniform). Blok besucht in diesen Tagen die Familien der Eingezogenen, um ihnen Hilfe zu bringen. Als wir allein waren, sagte Kolja zu mir: „Schickt man ihn

etwa auch an die Front? Das ist doch, als ob man Nachtigallen brät."
Und ein Vierteljahrhundert später in dem gleichen Dramatischen Theater – ein Abend zur Erinnerung an Blok (1946), und ich lese das eben geschriebene Gedicht:

Und er hat recht. Laterne, Apotheke,
Die Newa, Schweigen, Granit . . .
Ein Denkmal des Jahrhundertanfangs
Steht dieser Mensch dort, steht:
Wie er dem Puschkin-Haus am Ufer
Lebewohl zuwinkte mit der Hand
Und dann die Mattigkeit, den Tod
Als unverdiente Ruhe annahm.

Oktober 1965

KORNEJ TSCHUKOWSKI

Anna Achmatowa

I

Anna Andrejewna Achmatowa kannte ich seit 1912. Auf einer literarischen Soiree machte mich ihr Mann, der junge Dichter Nikolai Stepanowitsch Gumiljow, mit ihr bekannt. Grazil, ebenmäßig, wie ein schüchternes fünfzehnjähriges Mädchen, wich sie ihrem Mann nicht von der Seite, der sie damals, als er sie mir vorstellte, seine Schülerin nannte.

Es war die Zeit ihrer ersten Gedichte und ungewöhnlicher, unerwartet spektakulärer Triumphe. Zwei, drei Jahre vergingen, und in ihren Augen wie in ihrer Haltung und in der Art, wie sie mit Menschen umging, zeichnete sich ein Grundzug ihrer Persönlichkeit ab: Erhabenheit. Nicht Arroganz, nicht Hochmut, nicht Überheblichkeit, sondern eben Erhabenheit: würdevoller, majestätischer Gang, unerschütterliche Selbstachtung, hohes schriftstellerisches Sendungsbewußtsein.

Diese Erhabenheit nahm mit jedem Jahr zu. Es geschah völlig ohne ihr Zutun, ergab sich ganz von selbst. Ich erinnere mich nicht, während des halben Jahrhunderts, das wir miteinander bekannt waren, jemals ein bittendes, anbiederndes, gewöhnliches oder klägliches Lächeln auf ihrem Gesicht gesehen zu haben. Bei ihrem Anblick mußte man unweigerlich an Nekrassows Worte denken:

> Es gibt in russischen Landen Frauen
> Mit ruhig ernstem Gesicht,
> Mit schöner Kraft in den Bewegungen,
> Mit dem Gang, dem Blick von Königinnen.

Selbst beim Schlangestehen nach Petroleum und Brot, in der Eisenbahn, im Wagen zweiter Klasse, in der Straßenbahn in Taschkent spürte jeder, auch der, der sie nicht kannte, ihre „gelassene Größe“ und benahm sich ihr gegenüber besonders respektvoll, obwohl sie sich zu jedermann sehr bescheiden und freundlich, wie zu ihresgleichen, verhielt.

Auffallend war auch ein anderer Charakterzug. Sie hatte

absolut keinen Sinn für Besitz. Sie liebte und bewahrte Dinge nicht, trennte sich verblüffend leicht von ihnen. Wie Gogol, Coleridge und ihr Freund Mandelstam war sie eine heimatlose Nomadin und legte so wenig Wert auf Habe, daß sie sich von ihr stets gern befreite wie von einer Last. Selbst in jungen Jahren, während der kurzen Zeit, da sie sich gut stand, hatte sie in ihrer Wohnung keine geräumigen Schränke und Kommoden, oftmals nicht einmal einen Schreibtisch.

Sie war von keinerlei Komfort umgeben, und ich erinnere mich an keine Periode in ihrem Leben, da sie behaglich eingerichtet gewesen wäre.

Schon die Worte „Einrichtung", „Behaglichkeit", „Komfort" waren ihr – in ihrem Leben wie in ihrer Lyrik – wesensfremd. Im Leben wie in der Dichtung war die Achmatowa zumeist heimatlos.

Natürlich mochte sie schöne Dinge sehr und wußte sie zu schätzen. Altertümliche Leuchter, orientalische Stoffe, Stiche, alte Ikonen und anderes tauchten ab und an in ihrem bescheidenen Leben auf, doch nach ein paar Wochen waren sie verschwunden. Das einzige „Stück", das immerfort bei ihr blieb, war ein abgewetzter kleiner Koffer, der in der Ecke bereitstand, gefüllt mit Notizbüchern, Heften mit Gedichten und Skizzen zu Gedichten – größtenteils ohne Ende und Anfang. Er begleitete sie untrennbar auf allen Reisen nach Woronesh, Taschkent, Komarowo oder Moskau.

Selbst Bücher, mit Ausnahme derjenigen, die sie am allermeisten liebte, verschenkte sie, sobald sie sie gelesen hatte. Nur mit Puschkin, der Bibel, Dante, Shakespeare, Dostojewski hielt sie ständig Zwiesprache, nahm sie oft – mal dieses, mal jenes – mit auf die Reise. Andere Bücher kamen nach einer Weile stets abhanden.

Sie war überhaupt von Natur aus eine Wandrerin, und wenn sie in den letzten Jahren nach Moskau kam, wohnte sie bald unter diesem, bald unter jenem Dach bei Freunden, wie es sich gerade traf.

> Wohl niemand auf der Welt ist
> Unbehauster und heimatloser, –

sagte sie sehr treffend von sich.

Ihre engen Freunde wußten, daß, schenkte man ihr meinetwegen einen eleganten Schal, dieser ein, zwei Tage später andere Schultern zierte.
Vor allem gab sie Dinge aus der Hand, die sie selber gebraucht hätte. 1920, während der schlimmsten Hungerszeit in Petrograd, machte ihr ein durchreisender Freund eine schöne, große Nestle-Dose mit einem überaus nahrhaften und sehr vitaminhaltigen Pulver zum Geschenk. Ein Teelöffel dieses Konzentrats, in heißem Wasser aufgelöst, dünkte unseren hungrigen Mägen ein unerhört sättigendes Mahl. Die ganze Dose aber erschien kostbarer als Brillanten. Wir beneideten die Besitzerin dieses Schatzes von Herzen.
Es war spät, die Unterhaltung erschöpft, die Gäste gingen nach Hause. Aus irgendeinem Grund blieb ich länger und trat etwas später als die anderen ins dunkle Treppenhaus. Plötzlich – werde ich die heftige, gebieterische Geste der schönen Frauenhand jemals vergessen? – kam sie mir auf den Treppenabsatz hinterhergelaufen und versetzte mit ganz normaler Stimme, so wie man „Auf Wiedersehen" sagt:
„Das ist für Ihre ... Ihre Tochter ... die Murotschka ..."
Und schon hatte sie mir die kostbare Nestle-Dose in die Hand gedrückt.
Vergebens beteuerte ich ein übers andere Mal: „Wo denken Sie hin! Das geht doch nicht! ... Auf gar keinen Fall, niemals ..." Die Tür wurde mir vor der Nase zugeschlagen, und soviel ich auch klingelte, sie öffnete sich nicht wieder.
Ähnliche Begebenheiten erinnere ich viele.
Während der Evakuierung in Taschkent bekam sie einmal ein paar Stück Zucker, der so rar war, geschenkt.
Sie bedankte sich von Herzen, doch im nächsten Moment, als der Betreffende gegangen war und die fünfjährige Nachbarstochter hereingelaufen kam, überließ sie dieser das ganze Geschenk.
„Das wäre doch Wahnsinn", erklärte sie, „*jetzt* (das heißt in Kriegszeiten) den ganzen Zucker selber zu essen ..."
Einer Schriftstellerin, die noch heute in Moskau lebt, fehlte es vor zehn Jahren an Geld, um ein Buch, an dem sie seit Jahren arbeitete und das viel Zeit und Kraft kostete, beenden zu können. Die Achmatowa erhielt nun – nachdem sie längere Zeit mittellos gewesen war – endlich ein beschei-

denes Honorar, es war wohl für ihre Übersetzungen, und für das Geld kaufte sie der Schriftstellerin eine Schreibmaschine, damit sie sich nebenher etwas Geld verdienen und auf diese Weise ihr Buch vollenden könne.
Diese ungewöhnliche Güte meinte Anna Achmatowa wohl in ein paar Zeilen der „Vorgeschichte“, als sie ihrer verstorbenen Mutter gedenkt:

> Und eine Frau mit klaren, offenen Augen,
> . . . .
> Mit seltsam fremdem Namen, zarten Händen
> Und einer Güte, die ich wohl als Erbe
> Von ihr empfing – nichts nütze, eitle Gabe
> In meinem spröden, angstgewohnten Leben . . .

Ein ebenso hervorragendes Merkmal ihrer Persönlichkeit stellte ihre enorme Belesenheit dar. Unter den Dichtern ihrer Zeit gehörte sie zu den belesensten. Sie mochte keine Zeit für die Lektüre der modischen, sensationellen Werke vergeuden, um die von den Rezensenten und Kritikern in Zeitungen und Zeitschriften so viel Wind gemacht wurde.
Puschkin hatte sie ganz im Kopf – ihn und die gesamte Literatur über ihn studierte sie so eingehend und genau, daß ihr einige nicht unbedeutende Entdeckungen auf dem Gebiet der wissenschaftlichen Erforschung seines Lebens und Schaffens zufielen. Puschkin stand ihr sehr nahe – als Lehrer und als Freund.
In einem ihrer Aufsätze über Puschkin findet sich das Wort „mein Vorgänger Schtschegoljow“. Für viele klang das rätselhaft. Schtschegoljow war kein Dichter, sondern ein bedeutender Historiker und als Puschkinforscher Spezialist für die zwanziger und dreißiger Jahre des 19. Jahrhunderts. Hätte sie geschrieben: „mein Vorgänger Tjutschew“, so wäre es in Ordnung gewesen. Nur wenige aber wußten damals, daß nicht nur die Lyriker, sondern auch die Wissenschaftler unseres Landes ihre Wegbereiter waren. Pawel Jelisejewitsch Schtschegoljow schätzte ihre Kenntnisse ungemein und unterhielt sich stundenlang mit ihr über Puschkin und seine Zeitgenossen.
Mit der Geschichte Rußlands befaßte sie sich wie eine professionelle Historikerin, und wenn sie zum Beispiel vom

Protopopen Awwakum, von den Strelitzenfrauen, von diesem oder jenem Dekabristen, von Nesselrode oder von Leonti Dubelt sprach, so war es, als kenne sie diese persönlich und erinnere sich ihrer wie guter Bekannter. Damit gemahnte sie mich sehr an Juri Tynjanow und den Historiker Tarlé.

II

Anna Achmatowas erste Bücher „Abend", „Der Rosenkranz", „Der weiße Vogelschwarm" waren gerade erschienen, als ich den Urgrund ihrer Lyrik herauszufinden versuchte. Wie sich zeigte, dominierten schon in ihrem Jugendwerk, zur Zeit ihrer aufsehenerregenden literarischen Triumphe, Themen der Armut, des Verwaistseins und des Umherirrens. Ihre Lieblingsepitheta waren: ärmlich, armselig und bettelarm. So sagt ihre lyrische Heldin dem Geliebten:

> Warum klopfst du an bei einer bettelarmen Sünderin?

Typisch für die Achmatowa waren solche Zeilen:

> Linden, bloß wie Bettler

> Als unreine Bettlerin irre ich umher . . .

> Bete für meine Seele,
> Die arme, die verlorene . . .

> Wie soll meine arme Seele ich
> Reich dir darbringen?

Aber auch die Dinge, in ihrer frühen Lyrik reich vertreten, tendierten zur Ärmlichkeit:

> Die armselige Brücke, leicht gekrümmt . . .

> Das ärmliche Twerer Land.

Ein „schäbiger kleiner Teppich“, ein „baufälliger Brunnen“, „abgetretene Bastschuhe“, eine „ausgeblaßte Fahne“, eine „zerschlagene, umgestürzte Statue“ – das entsprach ihr am meisten.

Und die Muse im löchrigen Tuch
Singt langgezogen und trostlos.

„Sie ist die Dichterin des Waisen- und Witwendaseins“, schrieb ich 1920 über Anna Achmatowa. „Ihre Lyrik lebt vom Gefühl des Nichthabens, der Trennung, des Verlustes. Eine Nachtigall, der die Stimme genommen, eine Tänzerin, die vom Geliebten verlassen, eine Frau, die den Sohn verliert, eine, der der grauäugige König gestorben, eine, der der Zarewitsch gestorben –

Nimmermehr kommt er zu mir ...
Heute ist mein Zarewitsch gestorben –

eine, von der es in den Versen heißt: ‚von ihm erhältst du keine Nachricht mehr‘, eine, die das ihr teure weiße Haus nicht zu finden vermag, obwohl sie es überall sucht und weiß, daß es ganz in der Nähe liegen muß – all das sind verwaiste Seelen, die das Liebste verloren haben.“ Diese verwaisten Seelen hatte die Achmatowa liebgewonnen, sie hatte es liebgewonnen, dieses Verlieren und Verwaisen als ihr Eigenes lyrisch zu verarbeiten, und gerade daraus schuf sie ihre besten Lieder:

Eine Hoffnung war es weniger,
Ein Lied wird es mehr.

So heißen ihre Lieder denn auch: „Lied vom Abend der Trennungen“, „Lied von der letzten Begegnung“, „Lied vom Abschiedsschmerz“.

Verwaist und schwach sein, das Haus, den Liebsten und die Muse verlieren („Die Muse ging weiter“) – hier liegt die Inspirationsquelle der Achmatowa. Von allen Qualen des Verwaistseins hatte es ihr eine besonders angetan: die der hoffnungslosen Liebe. Ich liebe, aber ich werde nicht geliebt; ich werde geliebt, aber ich liebe nicht – das war ihr ständi-

ges Thema. Auf diesem Gebiet konnte sich niemand mit ihr messen. Es war ihr im höchsten Maße gegeben, sich als Ungeliebte, Unerwünschte, Verstoßene zu empfinden. Die ersten Gedichte ihres Bandes „Der Rosenkranz“ erzählten von diesem qualvollen Schmerz.
Sie ließ die Ungeliebten in der Ich-Form sprechen und schuf so eine lange Reihe von leidenden, durch unerwiderte Liebe geschlagenen, todtraurigen Frauen, die bald „wie verloren umherirren“, bald krank werden vor Leid, bald verkünden, daß sie sich ertränken werden. Manchmal verfluchen sie ihren Geliebten als Feind und Peiniger:

Du bist frech und böse ...

O bist du schön, Verfluchter.

... Du bist schuld an meinem Leiden ... –

dennoch lieben sie ihren Schmerz, berauschen sich an ihm, tragen ihn wie eine Reliquie in sich, spenden ihm fromm ihren Segen.
Als ich schrieb, sie sei die Dichterin des Nichthabens, der Trennung und des Verlustes, ahnte ich nicht, daß dieses Thema in ihren folgenden Büchern vom Leben bestätigt sein würde. Ihr tragischer Lebenslauf konnte in ihrer späteren Lyrik nicht ohne Widerhall bleiben. Es wäre sonderbar, wenn sich in den nach dem „Weißen Vogelschwarm“ entstandenen Gedichtzyklen nicht der bittere Trinkspruch fände:

Ich trinke auf das verwüstete Haus,
Auf mein böses Leben.

Und wieder kamen „unvergeßliche Daten“,
Und keines darunter, das nicht verflucht.

Gleichsam um zu beweisen, daß ihre Lyrik in der Tat vom Gefühl des Nichthabens, der Trennung und des Verlustes lebe, führte sie gegen Ende ihres Lebens negative Worte wie „neposylka“ (Nichtabsenden), „newstretschka“ (Nichtbegegnung) in ihr lyrisches Vokabular ein. Im Jahre 1963 schrieb sie ein Gedicht, das denn auch heißt „Beim Nichtabsenden eines Poems“, und die „Nichtbegegnung“ wurde in den fünfziger Jahren ihr lyrisches Thema. In ihren Heften aus dieser Zeit tauchten Gedichte auf, die sich auf nicht geschehene, nicht verwirklichte Dinge und Handlungen bezogen:

Der geheimen Nichtbegegnung
Triumph – er sei beklagt:
Unausgesprochene Sätze
Und Worte, nie gesagt.
Die Blicke, die sich nicht trafen . . .

Eine Begegnung *kam nicht zustande*, die Worte blieben *stumm*, die Reden *ungesagt*, und die Achmatowa feiert mit bitterer Heiterkeit das Fest, das nicht stattgefunden hat:

Die Sätze, niemals ausgesprochen –
Ich sag sie nicht mehr her für mich.
Doch jener Nichtbegegnung zum Gedenken
Pflanz eine Heckenrose ich.

Und abermals:

Hierher hab ich gebracht das selige Gedenken
An unser letztes Nichtbegegnen, Freund, mit dir –

Zwei Seiten weiter dann:

Nichts endgültiger als diese Trennung.
Dann schon lieber zu Boden gestreckt . . .
Und wahrscheinlich hat hier auf Erden
Niemand getrennter gelebt.

Wie sollen einem da nicht ihre frühen Verse einfallen?

. . . auf meiner Brust zittern
Die Blumen des nicht gewesenen Stelldicheins

In vielen ihrer Gedichte stehen das Präfix „un-“ sowie das Suffix „-los“ wie Vorzeichen: „ungeküßte Lippen“, „ruhmloser Ruhm“. Auch in ihrem Poem „Das Jahr neunzehnhundertunddreizehn" findet sich dasselbe Pathos des Nichtverwirklichens, Nichthabens, Fehlens:

Es gehen die Schritte derer,
Die abwesend sind, übers Parkett.
. . . .
Und in allen Spiegeln das Bild
Jenes Mannes, der nicht erschienen
Und nicht in den Saal gelangte.

Unter den vielen „Nicht-" und „Nein" fallen darum jene seltenen Verse besonders auf, die ein freudiges „Ja" setzen. Wie hat sie es doch in jenen fernen Jahren verstanden, uns mit ihrer Freude anzustecken!

Mit dem Morgengraun erwachen,
Atemlos gewürgt vom Glück,
Zum Kajütenfenster drehn
Auf die grüne wandernde Welle,
Und an Deck im trüben Wetter,
Tief im Flaumpelz eingehüllt,
Die Motoren klopfen hören,
Nun an nichts und niemand denken,
Und doch bis zum Wiedersehn
Mit dem, der mein Stern nun ist,
Im salzigen Regen und im Wind
Jede Stunde jünger werden.
(Deutsch von Rainer Kirsch)

Blättern wir in einem Buch der Achmatowa, so finden wir unter all den traurigen Gedichten über Trennung, Verwaistsein und Heimatlosigkeit plötzlich solche, die uns überzeugen, daß es im Leben und in der Dichtung dieser „heimatlosen Wandrerin" jenes HAUS gegeben hat, das ihr allezeit treu die rettende Zuflucht bot.
Es war die Heimat, die Heimaterde. Diesem Haus widmete sie von jung an all ihre lichtesten Gefühle, die sich dann vollends offenbarten, als das Haus von dem unmenschlichen Überfall der Faschisten heimgesucht wurde. In der Presse wurden ihre furchtgebietenden Zeilen abgedruckt, die ganz im Einklang standen mit der Tapferkeit und dem Zorn

des Volkes. Vom intimen, zuweilen kaum hörbaren Geflüster erhob sich ihre Stimme als die laute, beredte, furchtgebietende Stimme eines blutenden, aber unbesiegbaren Volkes:

Wir schwören den Kindern, schwören den Gräbern,
Daß wir uns von niemandem unterwerfen lassen ...

Die Stunde der Tapferkeit ists, die uns schlägt.
Sie läßt uns nicht, wir nicht sie.

Und wieder gehn durch Rauch die Leningrader
In Reihe und Glied: Der Ruhm kennt keine Toten.

Mögen die Frauen ihre Kinder höher heben,
Die vor aber tausend Toden geretteten ...

In Aufsätzen über die Achmatowa habe ich gelegentlich gelesen, dieser Schmerz und diese Freude um Rußland seien erst während des letzten Krieges unverhofft in ihrer Lyrik aufgetaucht. Das stimmt natürlich nicht. In dem während des ersten Weltkrieges entstandenen Buch „Der weiße Vogelschwarm" verlieh sie den gleichen Gefühlen Ausdruck: Ganz am Anfang des Krieges schrieb sie teilnahmsvoll Worte nieder, die sie vom Volk aufgefangen hatte:

Nur unser Land kann der Feind nicht
Ergötzlich teilen:
Die Gottesmutter wird ein weißes
Tuch über die großen Leiden breiten.

In einem ihrer leidenschaftlichsten Gedichte, ebenfalls aus diesem frühen Gedichtzyklus, sagte sie, sie sei bereit, all ihr Teures herzugeben und alle Schicksalsschläge hinzunehmen:

Wenn nur die Gewitterwolke überm finstren Rußland
Ein Wölkchen wird mit Strahlenkranz.

III

Anna Achmatowas Lyrik ist fast immer sujetgebunden. Sie hat sehr wenige abstrakte Worte. Außer einem musikalisch-lyrischen Talent besaß die Dichterin die seltene Gabe des Erzählens. Ihre Gedichte sind nicht schlechthin Lieder, sondern oftmals Novellen mit kompliziertem und weitreichendem Sujet, das sich uns durch ein unvergeßliches Detail für einen Augenblick enthüllt. Da sind Novellen über eine Seiltänzerin, die vom Geliebten verlassen wurde, über eine Frau, die sich in einen zugefrorenen Teich gestürzt, über einen Studenten, der sich wegen einer hoffnungslosen Liebe das Leben genommen, über einen Fischer, in den sich eine Sardellenverkäuferin verliebt hat – Novellen, die in Lieder verwandelt sind.

Ihr Schaffen ist gegenständlich, ist überreich an Dingen. Es sind höchst einfache Gegenstände, nicht Allegorien, nicht Symbole: ein Rock, ein Muff, eine Hutfeder, ein Schirm, ein Brunnen, eine Mühle. Doch diese einfachen, alltäglichen Dinge werden bei ihr unvergeßlich, weil der Lyrik unterworfen. Wer erinnerte sich nicht Anna Achmatowas Bild von der Frau und dem Handschuh. Als die Frau weggeht von ihrem Mann, der sie verstoßen hat, sagt sie:

> So hilflos kalt war die Brust,
> Doch meine Schritte waren leicht.
> Ich zog auf meine Rechte
> Den Handschuh von der Linken.

Unter den von der Achmatowa dargestellten Gegenständen finden sich auffallend viele Bauwerke und Statuen. Oft baut sie mehr, als daß sie singt. Architektur und Bildhauerkunst liegen ihr nahe. Ihre Gedichte lassen vor uns bald „die Statue von Zarskoje Selo“, bald „die Gewölbe der Smolny-Kathedrale“, bald die Säulen an der Newa erstehen, solche Gebilde aus Marmor, Bronze oder Stein sind bei der Achmatowa fast häufiger als Blumen und Bäume. Auch sie selbst ist eine Baumeisterin in ihrer Kunst. Viele ihrer Gedichte sind nicht Lieder, sondern Bauwerke. Der Reichtum an greifbaren und sichtbaren Dingen zeichnet Anna Achmatowas Lyrik überhaupt gegenüber der allegorischen Lyrik abstrakter Dichter aus, wie es die Symbolisten Baltruschaitis, Balmont und Hippius waren. Sie alle neigten zu Unbestimmtheit, Nebulosität. Neben den Gedichten der Achmatowa muten die ihrigen oftmals wie algebraische Formeln, wie eine Aufzählung abstrakter Kategorien an. Bei der Achmatowa hingegen wird selbst das Abstrakte materiell, gegenständlich:

Und für mich war jenes Thema
Wie eine zertretene Chrysantheme
Auf dem Boden, wenn der Sarg getragen wird.

Die Achmatowa besaß etwas, das sogar ihre Begabung überragte. Es war der unerbittliche asketische Geschmack. Die Achmatowa schrieb behutsam und karg, wog bedächtig jedes Wort ab, strebte nach jener nicht einfachen Einfachheit, die nur großen Meistern gegeben ist. Neben ihr wirken viele andere Dichter wie schwülstige Rhetoriker. Ich habe in dieser Zeit wenige Lyriker kennengelernt, die sie in kompositioneller Hinsicht übertrafen. Die schwierigsten Aufgaben bei der Kombination von Novelle und Lyrik hat sie in ihren Gedichten glänzend bewältigt.
Ihr rhythmischer Atem war anfangs sehr kurz, reichte nur für zwei Zeilen. Dann stand er ihr voll zu Gebot. Waren ihre Gedichte zunächst ein wenig mosaikartig, aus kleinen Stückchen zusammengesetzt, so überwand sie mit der Zeit auch dies. Jetzt ist ihr Name einer der kostbarsten in unserer Literatur. Wenn wir Anna Achmatowa nicht hätten, wären wir um vieles ärmer.
In ihren Gedichten ist Puschkin allenthalben unsichtbar anwesend. Bei ihr ist jede Zeile vortrefflich gearbeitet, ein für allemal geschmiedet. Nichts Verschwommenes, Träges, jedes Wort ist ein Gegenstand: „... auf dem Stamm der knorrigen Fichte eine Ameisenchaussee". Überall dieses Streben zur absolut vollendeten, klassischen Form.
Ihr Denken war klar, präzise, ich würde sogar sagen: geometrisch exakt. Das tritt besonders in den Gedichten hervor, in denen sie eine in mehreren Entwicklungsetappen ablaufende Erscheinung analysiert, zum Beispiel den Herbst im Norden. Sie fand, daß sich jeder Herbst in der Natur in drei Stadien vollziehe, und beobachtete, daß jedes Stadium

eine Reihe deutlicher Merkmale habe, welche sie in ihren Versen genau wiedergab.
Das erste Stadium ist der frühe September:

Und einer, der erste, – ein festliches Gleiten,
Als höhne den Sommer er nur,
Und Blätter wirbeln wie Fetzen von Seiten,
Und weihrauchsüß zieht der Rauch durch die Weiten,
Und hell ist und bunt die Natur.

In lichtem Gewand sind beim Festreigen wieder
Als erste die Birken zu schaun.
Sie schüttelten eilends zwei Tränen hernieder
Zur Nachbarin hinter dem Zaun.

Aber dieser festliche Tanz, diese helle, leuchtende, bunte Färbung des „ersten Herbstes" währt nicht lange.

Er währt einen Lidschlag und ist schon verflogen.
Kaum daß die Erzählung begann,
Kommt streng wie die Wahrheit der zweite gezogen,
Fliegt schwarz wie ein Bomberschwarm an.

Gealtert scheint jeder. Zum Raub ist gefallen
Des Sommers Geborgenheit dort,
Wo goldner Trompeten Märsche verhallen
Und ziehen im Nebelduft fort ...

Es endet auch dieser sehr kurze „zweite" Herbst, kalter Nebel hat alles ringsum eingehüllt:

Kühl liegt im Wallen des Weihrauchs verborgen
Die Veste, wo Sonne sonst loht.
Doch der Wind frischt auf und zerreißt diese Wände.
Und alle begreifen: das Stück geht zu Ende;
Kein Herbst ists, sondern der Tod.
(„Drei Herbste")

Dieser scharfe analytische Verstand äußerte sich auch in ihren Betrachtungen über die verschiedenen Stadien des Gedenkens, das die Menschen ihren verstorbenen Lieben bewahren.

Drei Stadien kennen die Erinnerungen,

sagt Anna Achmatowa. Und sie umreißt eine jede mit treffenden, lebendigen Strichen. So das erste Stadium:

Noch ist erstorben nicht das Lachen, Tränen rinnen;
Der Tintenfleck ist nicht vom Tisch gerieben,
Der Kuß – als Siegel auf das Herz gedrückt –
Der einzige im Abschied, unvergeßlich . . .

Nachdem sie das „zweite Stadium der Erinnerungen" mit einem ebenso eindringlichen Vers beschrieben hat, wendet sie sich dem tragischen dritten Stadium zu:

Und dann erst kommt das Bitterste: wir sehen,
Daß wir in unsres Lebens Grenzen nicht
Die Vergangenheit zu halten wußten,
Daß sie uns fast so fremd geworden ist
Wie jenen, die mit uns das Haus bewohnen,
Daß wir die Toten nimmermehr erkennten,
Daß die, von denen Gott uns trennte, glänzend
Zu leben wußten ohne uns, und daß
Zum Besten war, was je an uns geschah . . .

Diese Gewohnheit der Achmatowa, die vergänglichen Erscheinungen des Lebens mit nachdrücklicher Aufmerksamkeit zu betrachten und die einzelnen Momente ihrer Bewegungen in mathematisch exakten Versen festzuhalten, verstärkte sich mit den Jahren immer mehr.
Es war deshalb ganz natürlich, daß Ende der dreißiger und Anfang der vierziger Jahre ein neues unabweisbares Thema in ihren Büchern zunehmend hervortrat: das tiefe Nachdenken über die verschiedenen Epochen der russischen Geschichte, über die Vergänglichkeit und die ewige Dynamik dieser Epochen. Ihr subtiler, scharfer Verstand, der jede Erscheinung auf der Welt in bildhafter, konkreter Gestalt wahrzunehmen geneigt war, befähigte sie, das schwierige Genre der historischen Lyrik eigenständig zu entwickeln.
Je älter die Achmatowa wurde, desto mehr zog es sie zu der in leidenschaftliche Lyrik verwandelten Geschichtsdichtung. Am umfassendsten und plastischsten kam diese Tendenz in

ihrem großen „Poem ohne Held" zum Ausdruck, an dem sie die letzten fünfundzwanzig Jahre ihres Lebens (1940 bis 1965) mit so viel Hingabe gearbeitet hat.

IV

Und es schien, als schritten die Jahrhunderte
in einer Reihe.

Anna Achmatowa

Anna Achmatowa war ein Meister der Geschichtsdichtung. Das ist eine merkwürdige, von den üblichen Einschätzungen ihrer Kunst außerordentlich weit entfernte Feststellung, die wohl nirgends in den ihr gewidmeten Büchern, Artikeln und Rezensionen, in der ganzen unüberschaubaren Literatur über sie zu finden ist.
Dennoch halte ich sie für richtig. Hier liegt der Kern des Spätwerkes der Dichterin. Menschen wie Dinge oder Ereignisse wurden von der Achmatowa fast immer vor einem historischen Hintergrund gestaltet, ohne ihn stellte sie gar keine Überlegungen darüber an. Darum wohl wurden Worte wie „Jahre", „Epoche", „Jahrhunderte" bei ihr so vielsagend und gewichtig.

Und der silberne Mond schwebte
Hell überm silbernen Jahrhundert.

Darum wohl hegte sie so eine Passion für Jahreszahlen. „Die Colombine des zweiten Jahrzehnts", sagte sie von einer ihrer Heldinnen. Und von einer anderen: „Eine Schönheit des Jahres dreizehn." Der erste Teil ihres „Poems ohne Held" heißt: „Das Jahr neunzehnhundertunddreizehn." Das Gedicht über Majakowski: „Majakowski im Jahr 1913." Das Gedicht über Petersburg: „Petersburg im Jahre 1913."
Im höchsten Maße typisch für ihre Lyrik sind solche Zeilen:

Ich seh aus dem vierzigsten Jahr
 Wie von einem Turm auf alles herab.

Ebenso solche mit einem noch genaueren Datum:

Doch ich entsinne mich: vierundvierzig,
Wohl am ersten Juni wars . . .

Jeder Schriftsteller mit echtem Geschichtsbewußtsein besitzt ein lebhaftes Gefühl für die Wechselbeziehung zwischen den einzelnen Epochen. Daher die bedeutungsschweren Zeilen der Achmatowa:

Wie im Vergangnen das Künftige reift,
So modert im Künftigen noch das Vergangne.

Für sie ist dies nicht einfach ein Aphorismus, sie hat diese Wahrheit in lebendige und greifbare Bilder umgesetzt.
Eines ihrer Gedichte über die siebziger Jahre des vorigen Jahrhunderts nannte sie „Vorgeschichte". Darin kam ihre Meisterschaft in der Historienmalerei erstmals voll zur Geltung. Es ging um die ferne Vorgeschichte der ungeheuren Ereignisse, die sich Ende des ersten Viertels des 20. Jahrhunderts abspielten. Es ging um deren Unausweichlichkeit. Für Anna Achmatowa hing das zusammen wie Ursache und Wirkung.
Das Gedicht hat nur wenig mehr als fünfzig Zeilen, aber es ist so überreich an all den Realien jener Epoche, enthält so viele winzige Kennzeichen, bietet in jedem Wort, wie Gogol gesagt hätte, einen Abgrund von Raum, so daß man, bei der letzten Zeile angelangt, einen ganzen Band gelesen zu haben meint.
Wir wissen: die siebziger Jahre – das war der Einbruch des Kapitalismus ins halbfeudale Rußland, das waren das irrsinnige Wuchern der Spekulation, Börsenspiel, Millionenprofite für Bank- und Eisenbahnmagnaten und deren wüste Orgien. All das und vieles andere fand seine Widerspiegelung in den lakonischen Zeilen der „Vorgeschichte":

Das Rußland Dostojewskis. Fast ein Viertel
Des Mondes verdeckt der hohe Glockenturm.
Die Kneipen zechen. Droschken fliehn vorüber.
Und Ungeheuer wachsen fünfgeschössig
In der Gorochowaja, am Snamenje
Und Smolny auf. Tanzschulen. Wechslerstuben.

„Basile“, „André“* und prachtgeprotzte Särge:
„Schumilow senior“ ...

All das, selbst die prunkvollen Särge von Schumilow senior, ist den neuen Räubern genehm. Der Adel aber entartet und geht unter:

... Längst verpfändet –
Ihr Land. Noch kreist in Baden das Roulette.

Die Achmatowa wäre natürlich keine Künstlerin gewesen, hätte sie diese Epoche nicht mit all ihren äußeren Details wahrgenommen:

Rascheln von Röcken und karierten Plaids,
Geschweifte Nußholzrahmen an den Spiegeln,
Starr von der Schönheit der Karenina;
In engen Korridoren die Tapeten,
Die einstmals in der Kindheit uns erfreuten;
Das gelbe Blaken der Petroleumlampen,
Und noch derselbe Plüsch auf allen Sesseln ...
....
Und damals fiels uns ein, zur Welt zu kommen ...

Mir fiel es ebenfalls ein, zu jener Zeit – oder ein wenig später – auf die Welt zu kommen, und ich kann bezeugen, daß das Kolorit und das Flair jener Epoche in der „Vorgeschichte“ mit größter Genauigkeit wiedergegeben werden.
Ich kann mich gut an die Requisiten der siebziger Jahre erinnern. Der Plüsch auf den Sesseln sah himbeerfarben oder – was noch schlimmer war – giftgrün aus. Und jeder Sessel wurde von dichten Fransen gerahmt, die eigens als Staubfänger geschaffen zu sein schienen. Ebensolche Fransen trugen die Vorhänge.
Die Spiegel hatten damals in der Tat braune Nußbaumrahmen, die mit schwülstigem Schnitzwerk, Blumen oder Schmetterlinge darstellend, verziert waren.

* So hießen die Besitzer der französischen Modeateliers für die Petersburger Aristokratie.

Das „Rascheln der Röcke", in Romanen und Erzählungen aus jener Zeit so oft erwähnt, hörte erst im 20. Jahrhundert auf, damals jedoch war es, der Mode entsprechend, ein untrügliches Merkmal aller Salons von Welt und Halbwelt. Das Rascheln der Röcke wurde so manches Mal als amouröse Verlockung von Dichtern besungen:

O süßes, uns vertrautes Rascheln des Kleides
Der geliebten Frau, o wie entzückend du bist!
Wo könnte ich etwas finden, das dem gliche
Unter den irdischen Freuden? Des Herzens ganze
Glut
Fliegt mit offenen Armen ihm zu,
Ich fand Aufblühen darin.
Doch mit zwanzig – wie unsagbar teuer
Ist da dieses beredte, leise Rascheln!

Feth

Um uns endgültig klarzumachen, in welche Zeit diese einzelnen Bilder gehören, erwähnt die Dichterin Anna Karenina, deren ganzes tragisches Leben eng mit der zweiten Hälfte der siebziger Jahre verschmolzen war.
Man könnte ... zig Seiten mit Kommentaren zu diesen Versen füllen, könnte zum Beispiel hinweisen auf ihren engen Zusammenhang mit Dostojewskis 1875 geschriebenem Roman „Der Jüngling" und mit den Satiren von Saltykow-Schtschedrin und Nekrassow, die der gleichen Epoche angehören.
Doch hier mag es genügen, von dem bezeichnenden Epigraph zu sprechen, das der „Vorgeschichte" vorangestellt ist. Es entstammt Puschkins „Häuschen in Kolomna" – ein paar einfache, betont alltägliche Worte, die indessen das ganze von der Achmatowa geschaffene Bild beleuchten:

Nicht leb ich dort jetzt ...

In die Sprache der Achmatowa übersetzt heißt das: Ich lebe jetzt nicht in dieser Epoche. Ich habe mich in eine andere begeben. Diese ist für mich lediglich Vergangenheit, nur eine Ouvertüre zu anderen Zeiten.
Als ein Meister der Geschichtsdichtung erwies sich Anna

Achmatowa gleichermaßen, als sie die ferne Vergangenheit ihrer zweiten Heimat darstellte, der „Stadt der Parks und Säle“ Zarskoje Selo („Ode auf Zarskoje Selo“).
Hier eine flüchtige Zeichnung dieser Stadt am Ende der neunziger Jahre:

Im Schatten der jelisawetinischen Lustwäldchen
Spazieren die Enkelinnen von Puschkins Schönen,
Alle mit bescheidenen Canotiers, in engen Korsetts,
Einen Schirm in den runzligen Händen . . .

Das Gedicht heißt „Im Park“ und trägt den charakteristischen Untertitel „Die neunziger Jahre“. Das Datum stimmt: Die Töchter der Puschkinschen Schönen kamen in den zwanziger und dreißiger Jahren des vergangenen Jahrhunderts auf die Welt, deren Töchter wiederum in den vierziger und fünfziger Jahren, mithin befanden sie sich in den neunziger Jahren tatsächlich an der Schwelle des Alters, ihre Hände wurden „runzlig“.
Diese Geschichtsdichtung finden wir auch in dem Gedicht mit dem Titel „Petersburg im Jahre 1913“. Hier sind die Merkmale dieser Stadt in der Vorkriegszeit versammelt, an die sich heute nur noch solche alten Petersburger wie ich erinnern können. Ich entsinne mich auch noch der kleinen Dampflok, die stündlich mit drei, vier Wagen vom Nikolai-Bahnhof (heute der Moskauer Bahnhof) bis „Schmerzensreiche“* fuhr, ich erinnere mich an die bettelnden Zigeunermädchen, die auf der Straße tanzten, und an die an der Kette geführten Bären:

Hinterm Stadttor jault die Drehorgel,
Ein Bär wird herumgeführt, ein Zigeunermädchen
tanzt
Auf dem vollgespuckten Pflaster.
Die Dampfbahn fährt bis Schmerzensreiche,
Und ihre ohrenbetäubende Sirene
Schallt über die Newa . . .

* Die Station wurde nach der Kirche zur Schmerzensreichen Mutter Gottes benannt. (Der Verlag)

Wie jeder Historiker, der sich über den engen Rahmen seiner Epoche und seiner Biographie erhebt, hat die Achmatowa ein ungewöhnlich feines Empfinden für die unablässige Bewegung der kleinsten Moleküle der Geschichte – der Minuten und Stunden –, welche die Abfolge der Epochen vollstrecken:

Doch es ticken die Uhren, ein Frühling folgt
Auf den anderen, der Himmel rötet sich,
Die Namen der Städte wechseln,
Und es gibt keine Zeugen der Ereignisse mehr,
Niemanden, mit dem du weinst, mit dem du dich
erinnerst.

In einem anderen Gedicht, gleichfalls dieses Absterben der Epochen reflektierend, verleiht sie der Überzeugung Ausdruck, daß ein Wiedererstehen der alten Epoche undenkbar sei:

Später schwemmts die Versenkte
Hoch wie eine Leiche im Fluß,
Der Sohn will sie nicht erkennen,
Der Enkel wendet sich ab.

V

Darum auch kann ich behaupten, daß es im „Poem ohne Held" einen echten Helden gibt – es ist die Zeit. Richtiger: es gibt zwei Helden, zwei Zeiten. Zwei völlig konträre und einander feindliche Epochen. Beide zeichnet es aus, Vorabend außergewöhnlicher Umwälzungen zu sein.
Die eine Vorabend-Epoche ist das Jahr 1913, der Anfang vom Ende des absolutistischen Rußland, seine Agonie, seine letzten Zuckungen. Der von Anna Achmatowa gewählte Epigraph entspricht genau dem, was sie von dieser Epoche erzählt: „Das war das letzte Jahr." Es war tatsächlich das letzte, denn morgen kam der Krieg (1914–1917) und übermorgen der katastrophale Zusammenbruch der jahrhundertealten Fundamente des Riesenreiches.
Die andere in diesem Poem dargestellte Epoche ist das

Jahr 1941, der Vorabend ist ein anderer – derjenige eines wahrhaften Volkskrieges und Sieges. Der Krieg brach im Juni aus, vorerst jedoch drängen zu einer winterlichen, schneereichen Petersburger Mitternacht die längst gestorbenen Freunde der „heißen Jugend“ (hot youth) als lärmender Haufen wie Maskierte in der Christwoche zum einsamen Dichter ins Zimmer, und in seinem Gedächtnis ersteht das Jahr 1913 in allen Einzelheiten.
Mit sicherer Hand entwirft die Achmatowa ein Bild jenes Winters, an den ich, einer der wenigen heute noch lebenden Zeitgenossen, mich lebhaft erinnern kann.
Fast alles, was der jungen Generation von Lesern unverständlich oder gar rätselhaft vorkommen mag, bedarf für mich wie für andere alte Petersburger keines Kommentars. Wenn ich zum Beispiel in dem Poem lese:

Die Rauhnächte waren von Feuern erwärmt,
Es rollten die Kutschen dicht über die Brücken,

so denke ich an die großen Feuer, die damals auf den Theatervorplätzen angezündet wurden, damit die auf ihre vornehmen Herrschaften wartenden Kutscher nicht in der Eiseskälte steif froren. Ich erinnere mich an die vereisten, buckligen kleinen Brücken über die in die Newa mündenden Kanäle: Für einspännige Kutschen war es dermaßen schwer, zur Mitte hinaufzukommen, daß sie immer wieder rückwärts rutschten. Autos gab es wenige, und deshalb ersteht das damalige Petersburg vor Anna Achmatowa als eine Stadt mit unendlich vielen Pferden:

Im Schmuck der Mähnen und Pferdegeschirre,
Der Mehlfuhren . . .

Und noch ein Kennzeichen jener Epoche:

Und auf dem Palais das schwarz-gelbe Banner . . .

die sogenannte Imperatorstandarte, die überm Winterpalais wehte, um der Hauptstadt zu verkünden, daß der Monarch dort zu weilen geruhte.

Wenn Anna Achmatowa, an ihre von einem Bildnis herabgekommene Heldin gewandt, sagt:

> Bist du es, Verwirrerin-Psyche,

so ist mir und meinen Altersgenossen klar, daß die Schauspielerin Olga Afanassjewna Glebowa-Sudejkina vom Dramatischen Theater A. Suworins gemeint ist, welche die beiden Hauptrollen in Juri Beljajews Stücken „Psischa" und „Putaniza" gespielt hat. Vom Dezember 1909 an gab es in Zeitungen und Zeitschriften ungemein leidenschaftliche Äußerungen über ihre anmutige, betont schlichte Spielweise. Ihr Mann Sergej Sudejkin, ein seinerzeit berühmter Maler, malte ein lebensgroßes Bildnis von ihr in der Rolle der Titelheldin Putaniza. Im Poem der Achmatowa erscheint sie uns

> . . . über und über mit Blumen geschmückt,
> So wie im „Frühling" von Botticelli.

Das Mädchen, das auf Botticellis Bild den Frühling symbolisiert, schüttet verschwenderisch Blumen auf die Erde. Mir kam Olga Sudejkina mit ihrem siegesbewußten, betörenden Lächeln und dem Rhythmus ihrer leisen Bewegungen stets wie dieser Frühling vor. Sie besaß einen untrüglichen Geschmack im Ästhetischen. Ich erinnere mich, wie sie, die dieses Handwerk nie erlernt hatte, wundervolle Puppen aus Ton formte und mit bunten Flicken benähte. Ihr Zimmer war wirklich wie eine Gartenlaube ausgestaltet. Anna Achmatowa nennt sie in ihrem Poem „eine Freundin der Dichter". In der Tat stand sie literarischen Kreisen nahe. Ich begegnete ihr bei Sologub, bei Wjatscheslaw Iwanow – manchmal zusammen mit Blok, manchmal, wenn ich mich recht entsinne, mit Maximilian Woloschin. Elegant, voller Charme und stets von einem Schwarm von Verehrern umgeben, war sie eine lebendige Verkörperung ihrer verzweiflungsvollen, aufreizenden Epoche; die Achmatowa hatte sie nicht von ungefähr zur Hauptheldin jenes Teils ihres Poems gemacht, in dem das Jahr 1913 dargestellt wird:

Was blickst du verschleiert und wachsam,
Bocksfüßige Puppe, Schauspielerin ...*

Im übrigen versteht sich, daß Verwirrerin-Psyche, wie auch die anderen Helden des Poems, nicht so sehr eine konkrete Person als vielmehr die weitreichend verallgemeinerte, typische Gestalt der Petersburger Frau jener Jahre ist. In dieser Gestalt sind die Merkmale vieler Zeitgenossinnen der Achmatowa in eins verschmolzen.

Wie in jeder reaktionären Periode kam es in den von der Achmatowa in Erinnerung gerufenen Jahren zu unglaublich vielen Selbstmorden, besonders unter der Jugend. Es war eine richtige Epidemie, ja, wie absonderlich es sein mag, eine Mode. Die Zeitungen berichteten tagtäglich von ... zig Leuten, die sich erhängt, vergiftet oder erschossen hatten – und das mit ungewöhnlicher Leichtfertigkeit, oftmals aus nichtigem Grund. Ihr Gefühl für die historische Wahrheit sagte der Achmatowa, daß eine der ganz typischen Gestalten ihrer Erzählung über diese Zeit des Verderbens unbedingt ein Selbstmörder sein mußte.

Es erübrigt sich die Frage, ob es sich um einen wirklichen Vorfall oder um dichterische Erfindung handelt. Selbst wenn es diesen Vorfall nicht gegeben hätte (wir Alten jedoch erinnern uns genau an ihn), wäre er doch für das Poem unentbehrlich, da es Tausende ähnlicher Fälle gegeben hat. Der zwanzigjährige Dragoner und Dichter Wsewolod Knjasew mußte eines Nachts mit ansehen, daß die „Petersburger Puppe und Schauspielerin", in die er leidenschaftlich verliebt war, nicht allein nach Hause zurückkehrte. Ohne lange zu überlegen, jagte er sich eine Kugel in die Stirn – vor der Tür, die sich hinter ihr und dem Glücklicheren geschlossen hatte.

Die Zeilen des Poems:

Ich lasse dich lebend zurück, aber du
Wirst *meine* Witwe sein, ...

* In den Erinnerungen von N. W. Tolstaja-Krandijewskaja nennt Fjodor Sologub die Sudejkina eine Bacchantin. (N. W. Tolstaja-Krandijewskaja: „Ich erinnere mich", Priboi, Leningrad 1959, S. 73.)

sind Wsewolod Knjasews letzte Worte an die „Schauspielerin“, die ihn betrogen hatte, ebenso der Ausruf:

> Ich bin zum Sterben bereit.*

Von diesem Tod heißt es bei der Achmatowa:

> Wieviel Tode suchten den Dichter,
> Dummer Junge: er wählte dieses –

Möglichkeiten des Untergangs hätte es tatsächlich viele gegeben: ein paar Monate später brach der Krieg aus.

> Nicht in den verfluchten Masurischen Sümpfen,
> Nicht auf den blauen Höhn der Karpaten,
> Sondern auf deiner Schwelle!
> Vergebe dir Gott!

Bald nachdem der junge Mann auf der Schwelle der Geliebten den Tod gesucht hatte, schrieb Anna Achmatowa Gedichte, in denen sie jene nach dem Toten fragte:

> Oder siehst du jenen an deinen Knien,
> Der um eines reinen Todes willen deine
> Gefangenschaft verlassen?

Doch am Vorabend des Krieges (die Achmatowa spürte dies sehr genau) lebte nicht nur der „Kornett Pierrot“, sondern lebten alle unter dem Vorzeichen des Zusammenbruchs, und hier ist ein weiteres deutliches Merkmal jener Epoche: Denken wir nur, welche Rolle die Vorahnung der Katastrophe, die Erwartung der Katastrophe, ja – ich möchte sogar sagen – das Dürsten nach der Katastrophe in den damaligen Briefen, Gedichten, Tagebüchern und Gesprächen von Alexander Blok spielte.
Was die Achmatowa erzählt, ist von der ersten bis zur letzten Zeile durchdrungen von diesem apokalyptischen „Gefühl

* Ein Jahr nach Wsewolod Knjasews Tod erschien in Petersburg ein kleiner Band mit Gedichten von ihm (1914). Die erste Widmung für „Das Jahr 1913“ ist bei der Achmatowa mit den Initialen Ws. K. gezeichnet (d. h. Wsewolod Knjasew). Sie zitiert sein Distichon.

des Endes". Wo immer man im ersten Teil des Poems blättert, liest man:

Zum Lachen nah ist die Lösung

Es rückt heran ohnehin die Vergeltung –

Und weil sich auf allen Wegen
Und bis zu allen Schwellen hin
Zu langsam der Schatten genähert,

. . ., näherte sich auf dem Kai,
Dem legendären, das nicht reguläre –
Das wirkliche neue Jahrhundert.

Das alles wird von den Worten des Chronisten jener Epoche vollauf bestätigt: „Zermürbt von schlaflosen Nächten, seine Langeweile betäubend mit Wein, Gold, liebloser Liebe, mit den herzzerreißenden und kraftlos-sinnlichen Klängen des Tango – eines Hymnus des Sterbens –, lebte es" (d. h. Petersburg – K. Tsch.) „gleichsam in Erwartung eines verhängnisvollen und furchtbaren Tages."*
Dieses tragische Pathos des Vorgefühls der unausweichlichen Katastrophe wird im Poem mit den starken Mitteln der Lyrik erzeugt. Und da die Achmatowa nicht schlechthin Historikerin ist, sondern eine Historikerin und Dichterin, ist für sie sogar die im Poem geschilderte Natur von dieser Unruhe und diesem Grauen ergriffen, die auch allen anderen Ereignissen innewohnen, die sich in der von Trauer erfüllten Stadt abspielen.

. . . Riß der Wind von der Wand die Plakate,
Tanzte der Wind auf dem Dach Kasatschok,
Roch der Flieder nach Friedhof.

. . . .
Und in der frostigen Schwüle des Vorkriegs,
In der verbuhlten und drohenden, hörte
Man immer ein künftiges Grollen.

* Alexej Tolstoi: „Der Leidensweg". (Der Verlag)

Vom „Turm des Jahres neunzehnhundertvierzig" auf jene ferne Zeit schauend, geht die Achmatowa mit ihr streng ins Gericht, nennt sie eine „wahnwitzige", „sündige" und „geile" Zeit, verflucht die von ihr hervorgebrachten „Phrasenhelden", die „falschen Propheten und Magier". Doch es wäre widernatürlich, wenn sie nicht, wie jeder ältere Mensch beim Zurückdenken an die Jugend, auch anders als feindselig empfände.

Der Haß auf diese Epoche verbindet sich in Anna Achmatowas Poem mit einer tiefen, unterschwelligen Liebe. Dies ist erklärlich:

Ich schlafe –
Im Traum von der Jugend umfangen.

Außerdem darf man nicht vergessen, daß die russische Geschichte selbst in Epochen des Niedergangs niemals fruchtlos war. Das Poem wäre der historischen Wahrheit sehr fern, wenn es verschwiege, daß mit dieser stickigen Zeit unlösbar solche wunderbaren Größen der russischen Kunst wie Schaljapin, der junge Majakowski, Alexander Blok, Wsewolod Meyerhold, Igor Strawinsky und andere verbunden sind. Ein jeder von ihnen ist in diesem Poem sichtbar oder unsichtbar anwesend – freilich unter dem gleichen tragischen und unheimlichen Aspekt wie die anderen Gestalten auch. Der Achmatowa sind alle diese großen Namen zutiefst verwandt, denn ihr eigener Name ist nicht von ihnen zu trennen.

An Igor Strawinsky läßt die Zeile über Petruschka denken:

Petruschkas Maske hinter dem Schirm.

„Petruschka", eines der typischsten Ballette Strawinskys aus dieser Zeit, hatte kurz zuvor (1911) in Rußland und Frankreich großes Aufsehen erregt.

Schaljapin erkennt man unschwer in den Versen:

. . . Und wieder
Jene vertraute Stimme, ein Echo
Des Donners der Berge, die uns noch einmal
Mit Stolz und Freude erfüllte.

Sie hat die Herzen erschüttert und fliegt
Über die Weglosigkeiten
Des Landes, das sie genährt.

Liest man die Gedichte, in denen Blok geschildert wird, so muß man bedenken, daß dies nicht der weise, mutige, erleuchtete Dichter ist, wie wir ihn durch seine späteren Gedichte kennen, sondern der Alexander Blok der „Schrecklichen Welt" – Produkt und Opfer dieser verpesteten und „wahnwitzigen" Epoche:

Der Dämon selbst mit dem Lächeln Tamaras ...
Und doch liegt ein unbeschreiblicher Reiz
Auf diesem schrecklich vagen Gesicht:
Fast schon zu Geist gewordenes Fleisch,
Antikisch die Locke über dem Ohr –
Ach, wie geheimnisvoll ist dieser Fremde.

Es fällt auf, daß im tragisch verzweifelten, todesnahen Reigen der zum Untergang verurteilten Schatten des Jahres 1913 Majakowski nicht aufgeführt wird. Er ist in der „Erzählung" der Achmatowa der einzige „Gast aus der Zukunft", und sie sagt, an ihn gewandt:

... Doch halt!
Du stehst, wie es scheint, nicht auf der Liste.

Er ist wirklich nicht verzeichnet. Die Achmatowa hat (wiederum dank ihrem geschärften Geschichtsbewußtsein) die ganz gesetzmäßige Rolle des Zerstörers dieses aufreizenden, unzüchtigen und wahnhaften „Teufelsspuks", der in ihrem Poem seinen letzten Todestanz aufführt, genau verstanden. Auch Majakowski erscheint maskiert:

Als Werstpfahl, als ein gestreifter, verkleidet,
Bunt und knallig bemalt –

Doch nach einem anderen, wenige Seiten weiter abgedruckten Gedicht der Achmatowa zu urteilen, fühlte sich Majakowski schon damals, als die Gespenster noch lebendig waren, als ein unversöhnlicher Feind jener wahnwitzigen

Epoche, die sie hervorgebracht hatte. In dem Gedicht „Majakowski im Jahre 1913" schrieb Anna Achmatowa voller Sympathie für ihn:

. . . An dessen Zerstörung
Du gingst, zerstört liegts. In jeglichem Wort
Pulste das Urteil,

das Todesurteil über dieses ganze elegante, doch der Fäulnis anheimgefallene Jahrhundert.

Wie viele andere Werke der Achmatowa auch, entspringt das „Poem ohne Held" einem schmerzvollen Gefühl des Verlustes, des Verwaistseins, der nicht geschehenen Begegnung, der enttäuschten Hoffnung, der Trennung. Unter den Neujahrsgästen, die sich in ihrem Haus drängen, fehlt der, den sie am meisten herbeiwünscht. Im Poem heißt es von ihm:

Und in allen Spiegeln das Bild
Jenes Mannes, der nicht erschienen
Und nicht in den Saal gelangte.

Schon in den ersten Zeilen des Poems sagt sie, an ihn gewandt:

. . . Begrüß ich mit dir, der nicht gekommen,
Das Jahr einundvierzig.

Dieses unabweisbare Gefühl, von demjenigen getrennt zu sein, den sie einzig herbeigesehnt und erwartet hat, verstärkt die tragische Tonalität des Poems.

Es bedarf wohl keiner Erörterung, daß der unruhevolle und leidenschaftliche Rhythmus der Achmatowa, welcher der unruhevollen und leidenschaftlichen Thematik wesensverwandt ist, den Bildern größte emotionale Kraft verleiht. Diese bizarre Kombination zweier Anapäst-Versfüße mal mit einem Amphibrachus, mal mit einem einfüßigen Jambus ist für die Achmatowa bezeichnend. Soweit ich weiß, war dieser Rhythmus (wie auch der Verssatz) in der russischen Dichtung bislang unbekannt. Das Poem ist sinfonisch aufgebaut, und jeder der drei Teile hat seine Musikalität, sei-

nen Rhythmus im Rahmen des einheitlichen Metrums und scheinbar den gleichen Strophenaufbau.
[. . .]

1967

FRITZ MIERAU

Gedächtnisse

Ritt mich der Teufel, in der Truhe zu kramen ...
Na gut, aber wie konnte es nur geschehen,
daß ich an allem trage die Schuld?
Bin doch die Stillste von allen, bin einfach
„Wegerich" und „Weißer Vogelschwarm", ja ...
Aber sich rechtfertigen ... wie, meine Freunde?

1

Bei Anna Achmatowa verliert der Umgang mit dem Unheimlichen alle Nötigung und Qual. Die Schrecken der Geschichte sind verwandelt in Gedächtnisse, in das häusliche Wort, vertraut, einfach, das Leben hier und nebenan. Wie es in den „Berufsgeheimnissen" steht:

Abflauend grollt, schon fern, Donner.
Und dann wie Klageruf, oder wie Stöhnen,
Und welcher Stimmen, unerkannt, gefangen,
Geheimnis, und ein Kreis wird immer enger,
Doch aus dem Grund von Flüstern und Geklirr
Erhebt ein Laut sich und besiegt sie alle.
Und rings um ihn so unabänderlich still,
Daß man wie Gras im Wald wächst hört, oder das
Böse
Von Land zu Land ziehn mit dem Bettelsack ...

Unbehaust wie sie lebte – nur ein Köfferchen mit Manuskripten bei sich, die kleine Ikone und ihre Reiseschatulle, kaum Bücher, das wichtigste im Kopf: „Gilgamesch", Dante, Puschkin, Dostojewski, Eliot, Geschenke gleich weiterschenkend, viele Male monatelang von Freunden aufgenommen, da ohne eigene Wohnung – unbehaust wie sie lebte, war sie in einer Welt zu Hause, die, allein durch die Kletten, Disteln und Melde ihrer Kindheit und die Spiegel der Kunst begrenzt, nach allen Seiten hin offen war.
Einfach war für Anna Achmatowa allerdings – unerhört.

„Ich sage: ins Gedicht gehört das Unerhörte, / Nicht wies bei den Leuten ist." In den Spiegeln der Kunstgedächtnisse enträtselte sie ihr Schicksal. Sie sah sich in Dido und Kleopatra, in Fewronija aus Kitesh und der Bojarin Morosowa, in Kassandra und Phädra. Meist sind es mehrfache Spiegelungen: Durch Dantes Virgil-Bild zurück auf Virgils Bild von Dido, Königin von Karthago, die für Äneas, den Geliebten aus der Fremde starb.
Ein weiter Blick durch Lebensläufe und Zeiten. So spiegelt sie das silberne Zeitalter der russischen Poesie Anfang des 20. Jahrhunderts im goldenen Zeitalter des beginnenden 19. Jahrhunderts. So forscht sie ihrem Namen nach, sieht sich in Donna Anna oder Anna Karenina. So liest sie in den Versen, die ihr die Dichter widmeten: Chlebnikow, Blok, Gumiljow, Nedobrowo, Mandelstam, Sologub, Zwetajewa, Kljujew, Pasternak. So werden ihre Bücher – „Wegerich", „Weißer Vogelschwarm", „Poem ohne Held" – zum Gegenüber im Spiegel.
Mandelstam nannte dieses freie Verfügen über die Kulturen ein Reden in Zungen: „In heiliger Verzückung", schrieb er in „Das Wort und die Kultur", „reden die Dichter in den Sprachen aller Zeiten, aller Kulturen. Nichts ist unmöglich. Wie das Zimmer eines Sterbenden allen offensteht, so ist die Tür der alten Welt weit aufgerissen vor der Menge. Plötzlich wurde alles gemeinsamer Besitz. Kommt, nehmt. Alles ist zugänglich: alle Labyrinthe, alle Geheimkammern, alle verborgenen Gänge." Im „Gespräch über Dante", 1933 bei seinem Besuch in Leningrad im Haus der Achmatowa gelesen, hat er gesagt, was dieses Zungenreden, diese Glossolalie bedeute; es sei die Erfahrung der Gleichzeitigkeit des Ungleichartigen, des Zeitenbruchs, die Dante so modern mache: „Das Unvereinbare vereinend änderte Dante die Struktur der Zeit, vielleicht auch umgekehrt: er mußte sich auf die Glossolalie der Tatsachen, auf die Synchronie der von Jahrhunderten auseinandergerissenen Ereignisse, Namen, Überlieferungen einlassen, weil er den Oberton der Zeit vernahm."
Alles ist zur Hand, von unmittelbarer Häuslichkeit, eingewohnt wie jenes Fontanny dom, in dem Anna Achmatowa mit Unterbrechungen von 1919 bis 1952 lebte und das Entstehungsort und Schauplatz des „Poems ohne Held" und

vieler umliegender Gedichte ihres „Siebenten Buchs" werden sollte. Dieses Haus der Grafen Scheremetjew zwischen Fontanka und Litejny-Prospekt war in den fünfziger Jahren des 18. Jahrhunderts von einem Sohn des goßen Feldherrn Peters I. erbaut worden. Ein Text über dieses Haus, der für die Erweiterung der Prosateile im „Poem ohne Held" vorgesehen war, zeigt die Arbeit ihrer Gedächtnis-Spiegel. Diese Spiegelungen erlaubten ihr nämlich jenen besonderen Begriff vom AUTOR, der die Poetik des „Poems ohne Held" (1940–1962) und das „Siebente Buch" (1936–1964) schuf. Anna Achmatowa schreibt:

„5. Januar 1941. Fontanny Dom. Das Fenster des Zimmers geht auf einen Garten hinaus, der älter ist als Petersburg, man sieht es an den Jahresringen der Eichen. In der Schwedenzeit stand hier eine Meierei. Peter schenkte Scheremetjew dieses Gelände für seine Siege. Als Parascha Shemtschugowa in den Wehen lag, baute man hier irgendwelche Festtribünen für die bevorstehende Hochzeitsfeier. Parascha starb bekanntlich im Kindbett, und es fand eine ganz andere Feier statt. Neben dem Zimmer des Autors liegt der berühmte ‚weiße Saal', eine Arbeit Quarenghis (wo sich einst Paul I. hinter einem Spiegel versteckte und lauschte, was die Ballgäste der Scheremetjews über ihn sagten). In diesem Saal sang Parascha für den Imperator, und er schenkte ihr für ihren Gesang irgendwelche unerhörten Perlen. Der Autor hat 35 Jahre in diesem Haus gelebt und weiß alles von ihm. Er glaubt, daß er das wichtigste noch vor sich hat. Wollen wir sehen."

Den drei Zeiten dieses Texts entsprechen drei Zustände des AUTORS: der Zeit der Niederschrift – wahrscheinlich Anfang der sechziger Jahre – der AUTOR als VERFASSER; der Zeit des Gedichts – 5. Januar 1941 – der AUTOR als HELD („35 Jahre in diesem Haus"); der gedichteten Zeit – Neujahrsnacht 1913, Maskenfest im „weißen Saal" – der AUTOR als DOPPELGÄNGER seiner Figuren.

2

War es das wichtigste, was den AUTOR – Verfasser, Held wie Doppelgänger von 1913 – erwartete? Die Belagerung

Leningrads, Evakuierung nach Mittelasien, Rückkehr in die zerstörte Stadt, Kriegsende, Trennung von einem Mann und neue Liebe, neue Trennung oder „Nicht-Begegnung", wie es heißen würde, den 14. August 1946 mit dem Beschluß „Über die Zeitschriften ‚Swesda' und ‚Leningrad'", der Anna Achmatowa und Michail Soschtschenko wegen ihrer Veröffentlichungen scharf angriff, neue siebenjährige Trennung von ihrem Sohn nach der fünfjährigen zuvor, dann drei Buchausgaben 1958, 1961, 1965, die Arbeiten an der Autobiographie, an den Puschkin-Studien, Reisen nach Taormina und Oxford. Am Morgen des 5. März 1966, im siebenundsiebzigsten Jahr, der Tod in Moskau. Die Totenmesse fand am 10. März in der Kirche Nikola Morskoj in Leningrad statt. Ihr Grab liegt auf karelischer Erde in Kellomjagi, heute Komarowo.

Und hinter sich? Der AUTOR hatte die Tode so vieler seiner Generation zu bestehen gehabt, daß die Last der Gedächtnisse ungeheuer geworden war. Unter den jungen Toten die toten Dichter: Nikolai Gumiljow, Alexander Blok, Welemir Chlebnikow, Wladimir Majakowski, Boris Pilnjak, Nikolai Kljujew, Ossip Mandelstam, Michail Bulgakow, Marina Zwetajewa. Ende der dreißiger Jahre der Kampf um den Sohn, das Leid einer russischen Frau, die dann im „Requiem" für alle sprach. Die Männer: Verbindung und Auseinandergehen mit Nikolai Gumiljow, dem Vater ihres Sohnes, mit Wladimir Schilejko, mit Nikolai Punin. Im März 1940 im Gedicht zu Bulgakows Gedächtnis die Verse:

> Wer hätt gewagt zu glauben, daß ich, halbentseelt,
> Ich, Klageweib der abgelebten Tage,
> Ich, Scheit, das noch im Feuer schwelt,
> Ich, die ich des Vergessens Lasten trage,
> Gedenken müsse dessen, der voll Kraft und Plänen
> schön
> Und voller Willen gestern noch mit mir gesprochen.

Das wird der Gestus der folgenden zweieinhalb Jahrzehnte: das Staunen über die eigene Dauer. In der Autobiographie „Blätter aus dem Tagebuch", an der Anna Achmatowa von 1957 bis zu ihrem Tode arbeitete, findet sich die Eintragung: „Und wer hätte geglaubt, daß ich für so lange gedacht war, und warum habe ich das nicht gewußt. Das Gedächtnis hat sich unwahrscheinlich geschärft. Die Vergangenheit umringt mich und fordert etwas. Aber was? Die lieben Schatten einer fernen Vergangenheit sprechen mit mir. Vielleicht ist das für sie die letzte Gelegenheit, daß die Glückseligkeit, die die Menschen Vergessen nennen, an ihnen vorübergeht. Irgendwoher tauchen Worte auf, die vor einem halben Jahrhundert gesprochen wurden und an die ich mich fünfzig Jahre lang nicht ein einziges Mal erinnerte. Es wäre seltsam, das alles nur mit meiner Sommereinsamkeit und der Nähe zur Natur zu erklären, die mich seit langem allein an den Tod erinnert."

3

Zwischen diesen Zeiten – das „Poem ohne Held", das alle aufnahm, den mit einem Kosenamen, den mit seinem Todesdatum, den mit zwei Versen, sogar einen „Gast aus der Zukunft" und wen erst in der ausgelassenen Strophe.
Es ist ein Selbstbehauptungsgedicht. Gespensternd in der „Petersburger Novelle" des ersten Teils, drastisch im Mittelstück, einem Gespräch des AUTORS mit den irritierten Kritikern, gelassen im Epilog; ineinander verschränkt fremdes und eigenes Wort, Zitat vor allem des Petersburg-Mythos, der Petersburger „Hoffmanniana", wie sie sagt, dem Stadtspuk der russischen Geschichte und Literatur. Vor dem Ganzen und vor den Teilen die Vorworte, Widmungen und Mottos, die die ohnehin schwebenden Bezüge endgültig zum Tanzen bringen. Zweimal träumte Anna Achmatowa ihr Poem als tragisches Ballett. Von 1958 stammen Entwürfe für ein Libretto nach der „Petersburger Novelle", aus dem einiges in das Poem einging.
Von den Tagen der ersten Widmung und der Einleitung her, vom 27. November 1940, dem zweiten Todestag Ossip Mandelstams, und vom 25. August 1941, dem zwanzigsten Todestag Nikolai Gumiljows, wuchs das Poem und wuchs, zwanzig Jahre lang, und duldete nichts Vergleichbares neben sich. Besonders die „Petersburger Novelle" entfaltete immer mehr Biographie. Doch dann, am 2. Januar 1961, die Bemerkung:

„Diese Möglichkeit, mit der Stimme unermeßlich weiter zu reichen als es das Aussprechen von Worten vermag, meint Shirmunski, wenn er vom ‚Poem ohne Held' spricht. Deshalb ist das Verhältnis der Leser zum Poem so unterschiedlich. Die einen hören dieses Echo, diesen zweiten Schritt sofort. Andere hören ihn nicht und suchen nur Skandal, finden ihn nicht und sind verärgert. Das habe ich erst vor kurzem begriffen, und das wird wohl auch mein Abschied vom Poem werden."
Die Beziehungen zwischen dem AUTOR und dem Menschen, den man besuchen kann, sind gerade beim Lesen der Gedichte von Anna Achmatowa in verhängnisvoller Weise mißverstanden worden. Daß Schlaflosigkeit zuzeiten ihr schöpferischer Zustand war und keine Krankheit und ein Leben ohne Haushalt ihre Art Ordnung, muß schon begriffen werden – und das ist noch das einfachste. Die biographische Unmittelbarkeit der „Petersburger Novelle" mußte diese Mißverständnisse vermehren. Freilich geschah ihr nur, was allen vor ihr geschehen war: Das Neue schien das Ungehörige. Noch in Taschkent 1942 wollte man ihr das ganze Poem ausreden. Aber es wurde eine Dichtung, die wie Puschkins „Gefangener im Kaukasus", Nekrassows „Wer lebt glücklich in Rußland?", Majakowskis „Wolke in Hosen" und Bloks „Zwölf" die Gattung in Frage stellt und neu gründet. Wer hätte gewagt, das vorauszusagen?

4

Einer freilich hat es gewußt: Nikolai Nedobrowo aus dem Dichterkreis von Zarskoje Selo. „Du, dem das Poem zu drei Vierteln gehört", schrieb sie von Nedobrowo, „so wie ich selbst zu drei Vierteln von Dir gemacht bin, Dich habe ich nur in eine lyrische Abschweifung hereingelassen." Im April 1914 geschrieben, im Juli 1915 gedruckt war Nedobrowos Aufsatz über Anna Achmatowa die Voraussage ihrer Gedächtnisse, Echo der Zukunft. Schon in den frühen Gedichten fand er eine „lyrische Seele, die eher hart ist als weich, eher grausam als weinerlich und ganz deutlich souverän und nicht geknechtet ... Die Ereignisse in Rußland verfolgend sprachen wir noch unlängst stolz: ‚Das ist Geschichte.' Nun, die Geschichte hat wieder einmal bestätigt, daß ihre *ins Auge fallenden* Ereignisse nur dann *groß* sind, wenn in schönen Biographien Samen für die Aussaat im Boden des Volkes reifen. Wir dürfen Achmatowa dankbar sein, daß sie jetzt die Würde des Menschen wiederherstellt: wenn wir mit den Augen von Gesicht zu Gesicht sehen und hier diesem, da jenem Blick begegnen, dann flüstert sie uns zu: ‚Das sind Biographien.'"

Eine Enträtselung ihres Weges, die Anna Achmatowa ihr ganzes Leben lang beschäftigt hat. Sie stammt aus jenem Jahr, das sie mit dem Kriegsausbruch im Herbst 1914 für den eigentlichen Beginn des 20. Jahrhunderts hielt und dessen Vorabend für sie mit „unserem Aufstand gegen den Symbolismus" verbunden war. Dieser „Aufstand" hatte im November 1911 zur Gründung der „Werkstatt der Dichter" geführt (25 Zusammenkünfte von November 1911 bis April 1912 und Oktober 1912 bis April 1913) und Anfang 1913 zur öffentlichen Erklärung des Akmeismus. „Akmeismus" oder „Adamismus" – anschließend an griechisch Akme: höchste Ausbildung eines Zustands als Blüte, Blütezeit oder als das Scharf-Schneidend-Durchdringende, bzw. an Adam – mutiger, fester und klarer Blick auf das Leben. Der „Aufstand" richtet sich gegen die Poetik der Entsprechungen, wie sie die französischen Symbolisten ausgebildet hatten, gegen die hierarchische Strenge Ibsens und Nietzsches und gegen die Sehnsucht nach dem Unbekannten bei den russischen Symbolisten. Dieser Aufstand der Akmeisten gegen den Symbolismus traf übrigens nicht alle russischen Symbolisten: Innokenti Annenski, der nicht im Mittelpunkt der Kämpfe der drei Generationen russischer Symbolisten gestanden hatte und als Rektor des klassischen Gymnasiums von Zarskoje Selo den zukünftigen Akmeisten biographisch nahegestanden hatte, war ausgenommen. Für Nikolai Gumiljow, Ossip Mandelstam und Anna Achmatowa waren seine Gedichte und seine Übersetzungen sowie seine essayistische Prosa einer der wichtigsten Ausgangspunkte. Das galt auch für Michail Kusmin, der eine Einleitung zur ersten Ausgabe der Achmatowa schrieb.

Nikolai Gumiljow nannte in seinem Aufsatz „Das Erbe des Symbolismus und der Akmeismus", in dem die Absetzung ausgesprochen wurde, zum Schluß die Namen, die die „Eck-

steine für das Gebäude" legen sollten: „Shakespeare zeigte uns die innere Welt des Menschen, Rabelais den Leib und seine Freuden, eine weise Körperlichkeit. Villon sang uns von einem Leben, das nicht im geringsten an sich zweifelt, obwohl es alles kennt – Gott, das Laster, den Tod und die Unsterblichkeit. Theophil Gautier fand für dieses Leben in der Kunst die würdigen Kleider makelloser Formen. Diese vier Momente in sich zu vereinigen – das ist der Traum, der jetzt die Menschen eint, die sich kühn Akmeisten nennen."
Anna Achmatowa hat dieses „Reden in Zungen" gerade in der Entfaltung der Lebensläufe verwirklicht. Im „Poem ohne Held", das die frühen Freunde mit den späteren und den ewigen Gefährten zusammenführt, flüstert sie uns zu: „Das sind Biographien."

5

Unsere Ausgabe stellt das „Poem ohne Held" und Gedichte aus seinem Umkreis vor. Zu den Nachdichtungen von Heinz Czechowski und Uwe Grüning kommen einige frühere von Sarah Kirsch und Rainer Kirsch aus dem Band „Ein nie dagewesener Herbst". Der Anhang bietet Anna Achmatowas Erinnerungen an Amedeo Modigliani und Alexander Blok als Beispiele ihrer Prosa. Kornej Tschukowskis Text zeigt den Anfang einer wünschenswerten Sammlung der Erinnerungen an Anna Achmatowa. Die Bibliographie verzeichnet die größeren monographischen Arbeiten und spezielle Studien nur zum „Poem ohne Held". Die Nachdichtungen folgen den Interlinearfassungen von Oskar Törne, der auch durch seine Nachforschungen bei sowjetischen Kollegen zur Aufhellung von Sachbezügen und Identifizierung verborgener Zitate wesentlich am Zustandekommen dieser Ausgabe beteiligt war. Die Anmerkungen stellen vor allem zeit- und poesiegeschichtliche Auskünfte zur Verfügung; wo sie auf Prototypen oder Adressaten verweisen, denke man immer an das „Echo, diesen zweiten Schritt", das ein Angehen gegen die Verkümmerung des Geschichtsgedächtnisses ist – wie es Roman Dawydowitsch Timentschik in Riga, dem unsere Ausgabe wichtige Unterstützung verdankt, einmal gesagt hat: „Gedächtnis ist im poetischen Universum der späten Achmatowa eine Kraft, die gegen den mörderischen ‚Gedächtnisschwund der Wirren‘ angeht, eine Kraft, die erlaubt, den in einer gedächtnisfeindlichen, grausamen Zeit verlorengegangenen ‚Zusammenhang der Zeiten‘ wiederherzustellen.“

Für Rat und Hilfe bei der editorischen Betreuung dankt der Herausgeber Monika Heinker und Dr. Ingrid Schäfer.

Oktober 1978 *Fritz Mierau*

ANMERKUNGEN

Die Anmerkungen stützen sich auf die Ausgabe *Anna Achmatova. Stichotvorenija i poemy. Sostavlenie, podgotovka teksta i primečanija V. M. Žirmunskogo, Leningrad 1977.* Wenn spezielle Untersuchungen zitiert werden, verweist ein Kurztitel auf die in der Bibliographie aufgeführten Arbeiten.

Die einen spiegeln sich in einem Blick
Leningrad 1940, 2.
Ursprünglich mit der Widmung „N. W. N. zum Gedenken". Gemeint ist der Dichter Nikolai Wladimirowitsch Nedobrowo (1884–1919), ein Freund der Achmatowa, der den ersten größeren Aufsatz über die Dichterin schrieb (Russkaja mysl' 1915, 7). Anna Achmatowa widmete ihm mehrere Gedichte, u. a. die lyrische Abschweifung über Zarskoje Selo im „Poem ohne Held".
Caprice: Die Große Caprice war ein Torbogen mit darüberliegendem Pavillon aus der Zeit Jekaterinas II. auf einem künstlich angelegten Berg, der zwischen dem Jekaterinenpark und Alexandrowskoje liegt; 1786 von Quarenghi erneuert. Name von kaiserlicher „Laune" – entweder hinsichtlich der Kosten der Anlage oder hinsichtlich der an diesem Tor bei der Ausfahrt aus Zarskoje Selo gegebenen Befehle. Vgl. Carskoe selo v poėzii. So stat'ej E. F. Gollerbacha. Red. N. O. Lerner. Sankt Petersburg 1922.

Der Dichter
Zvezda 1940, 3–4. Mit der Überschrift „Boris Pasternak".
Pasternak sind auch die beiden Gedichte „Dem Gedenken des Dichters" (11. Juni 1960) gewidmet. Alle drei Gedichte gehören mit „M. B. zum Gedenken" und „Innokenti Annenski zum Gedenken" zum Zyklus „Totenkranz". Vgl. Jerzy Faryno, Dva poėtičeskich portreta. In: Boris Pasternak. Essays. Edited by Nils Ake Nilsson = Stockholm Studies in Russian Literature. 7, Stockholm 1976.

Warum schickt er keinen Schwan zu mir
Aus sechs Büchern. Gedichte. Leningrad 1940.
In dieser Auswahl gehörte es mit „Den Weg aller Welt" u. a. zu dem Zyklus „Das Jahr sechzehn".

Woronesh
Leningrad 1940, 2. Ohne die vier Schlußverse.
Ossip Mandelstam (1891–1938) gewidmet. Zum erstenmal begegneten sich die beiden in Wjatscheslaw Iwanows „Turm". Von 1911 bis 1914 gehörten sie zur „Werkstatt der Dichter", einer Vereinigung der

russischen Akmeisten. Als Mandelstam am 13. Mai 1934 verhaftet wurde, setzten sich vor allem Nadeshda Mandelstam (bei Stalin), Anna Achmatowa (bei Jenukidse) und Boris Pasternak (bei Bucharin) ein. Das Urteil: drei Jahre Lager in Tscherdyn. Den Mandelstams wurde jedoch nach knapp einem Jahr erlaubt, sich einen anderen Ort zu wählen. So kamen sie im April 1935 nach Woronesh, wo Anna Achmatowa sie im Februar 1936 besuchte. Achmatowas Erinnerungen an Mandelstam erschienen in Vozdušnye puti. IV. New York 1965, S. 23–43. Das neunte Gedicht („O wie gewürzt der Atem der Nelke", 1957) aus dem Zyklus „Berufsgeheimnisse" ist Ossip Mandelstam gewidmet.

Beschwörung
Gang der Zeit. Gedichte. Moskau–Leningrad 1965.
Gemeint ist Nikolai Gumiljow (1886–1921). Am 15. April 1936 hätte er seinen fünfzigsten Geburstag gefeiert. Er war einer der führenden Dichter des Akmeismus und Anna Achmatowas erster Mann, sie war mit ihm von 1910 bis 1918 verheiratet.

Ich verbarg mein Herz vor dir
Leningrad 1940, 2.
Die „Linden Scheremetjews" stehen im Garten des Scheremetjew-Palais an der Fontanka, des „Fontanny dom", wo Anna Achmatowa mit Unterbrechungen seit 1919 lebte und 1926 in die Wohnung ihres dritten Mannes, des Kunsthistorikers Nikolai Punin, zog, mit dem sie von 1922 bis 1938 verheiratet war.

Enträtseln wirst dies alles du allein
Naš sovremennik 1960, 3.
Gemeint ist Boris Pilnjak (1894–1937), der Anna Achmatowa nach ihrer Trennung von Wladimir Schilejko heiraten wollte.
Ich klage, wie um ihn, der mir gehörte: 1938 waren ihr Mann Nikolai Punin und ihr Sohn, der Orientalist Lew Gumiljow (zum zweitenmal), verhaftet worden.

Nimm des letzten Jahrestags Feier
Zvezda 1940, 3–4. Ohne die Verse 9–12.
Marstall der Zaren: ehemaliges Konjuschenny-Palais auf dem Konjuschennaja-Platz in Leningrad zwischen Mojka und Marsfeld.
Zwischen Ahnmal und Enkelgrab: die Kirche „Erlöser auf dem Blut". Vgl. Anmerkung zu Poem ohne Held, Erster Teil, Viertes und Letztes Kapitel.
Garten: der Sommergarten-Park.
Lebjashja: Kanal zwischen Marsfeld und Sommergarten.

Und es fiel ein Wort aus Stein
Zvezda 1940, 3–4. Gehört als Kapitel 7 „Das Urteil" zum Poem „Requiem" (1935–1940).

Die Weide
Zvezda 1940, 3–4. Ohne Überschrift.
Das Motto stammt aus Alexander Puschkins „Zarskoje Selo" (1823).
Die Nessel liebte ich und die wilden Kletten: Kindheit und Jugend verbrachte Anna Achmatowa in Zarskoje Selo im Hause der Schuchardina auf der Schirokaja-Straße. Das Haus ging auf die Besymjanny-Gasse hinaus, die im Sommer üppig von Unkraut bewachsen war – riesigen Klettersträuchern und prächtigen Brennesseln. Das gleiche Motiv in „Was sollen mir der Oden endloses Heer" (1940) und „Ode an Zarskoje Selo" (1961).

Keller der Erinnerung
Moskva 1966, 6.
Ursprünglich ohne Überschrift mit einem Motto aus Welemir Chlebnikow: „O Keller der Erinnerung." Daraus später die Überschrift.

Kleopatra
Literaturnyi sovremennik 1940, 5–6. Ohne Motto. In der Sammlung „Aus sechs Büchern", Moskau 1940, mit zwei Mottos, als erstes „I am air and fire", Shakespeare, Antonius und Kleopatra, V,2. Das Puschkin-Motto aus „Kleopatra".
Der römische Kaiser Augustus (Octavian, 63–14 v. u. Z.) beabsichtigte nach seinem Sieg über Antonius Kleopatra VII. (69–30 v. u. Z.) und ihre Kinder aus Ägypten mit nach Rom zu nehmen und im Triumphzug als Gefangene der Menge zu zeigen; Kleopatra beging Selbstmord.

Majakowski im Jahr 1913
Zvezda 1940, 3–4.
Wladimir Majakowskis zehnter Todestag am 14. April 1940 wurde mit vielen Editionen und neuen Ansichten gewürdigt. Achmatowas Gedicht erschien auch in dem Sammelband „Für Majakowski", Leningrad 1940.

Den Weg aller Welt
Gang der Zeit. Gedichte. Moskau–Leningrad 1965.
In der Sammlung „Aus sechs Büchern", Leningrad 1940, gehörten die ersten zwanzig Verse des zweiten Kapitels mit anderen Gedichten, zum Beispiel „Warum schickt er keinen Schwan zu mir", zum Zyklus

„Das Jahr sechzehn". Anna Achmatowa rechnete das Gedicht zu den „kleinen Poemen". In einem in Taschkent geschriebenen Vorwort-Brief teilt sie mit, im Herbst 1940 habe sie noch drei Dinge geschrieben, die sie mit „Den Weg aller Welt" in einem Buch „Kleine Poeme" zusammenfassen wollte. Eins aber, das „Poem ohne Held", habe sich selbständig gemacht und nichts in seiner Nachbarschaft geduldet. Die beiden anderen – „Das Rußland Dostojewskis" und „Fünfzehnjährige Hände" – seien sicher im belagerten Leningrad verlorengegangen; teilweise habe sie sie in Taschkent aus dem Gedächtnis wiederhergestellt. Anna Achmatowa hielt das Poem – „eine große Seelenmesse für mich" – für einen wichtigen Einschnitt in ihrer Dichtung.
Das Motto ist zusammengezogen aus dem biblischen „Ich gehe hin den Weg aller Welt", 1. Könige 2,2, mit dem Davids Rede an Salomo beginnt, und dem „. . . im Schlitten sitzend . . ." aus der sogenannten „Belehrung des Wladimir Monomach". Die „Belehrung" findet sich in der „Nestor-Chronik", Slawische Studienbücher. VI. Eingeleitet und kommentiert von Dmitrij Tschiżewskij, Wiesbaden 1969, 232, 17. In der Anmerkung zur Textstelle S. 314 heißt es: „. . . ein sinnbildlicher Ausdruck für eine schwere, eventuell zum Tode führende Krankheit." In weiteren Anmerkungen wird darauf hingewiesen, daß auch ein schwerkranker Mann auf die Schlitten gelegt wird und daß die Überführung von Verstorbenen auch im Sommer auf Schlitten erfolgte.
In einer anderen Fassung hatte das Poem ein zweites Motto: „Und schwur bei dem Lebendigen von Ewigkeit zu Ewigkeit [. . .] daß hinfort keine Zeit mehr sein soll." Offenbarung Johannes 10,6.
Kitesh: Die Legende erzählt, die Stadt Kitesh am See Swetlojar im ehemaligen Gouvernement Nishni Nowgorod sei beim Überfall des Dschingis-Chan-Enkels Batu auf die russischen Fürstentümer (1237 bis 1240) auf wunderbare Weise vor den Tataren gerettet worden: Sie versank auf den Grund des Sees. Der See wurde Wallfahrtsort besonders für Altgläubige. Die Aufführung einer Oper von Nikolai Rimski-Korsakow 1907 im ehemaligen Petersburger Mariinski-Theater war ein bedeutendes künstlerisches Ereignis in Achmatowas Jugend. In dem Poem identifiziert sie sich mit der Heldin der Oper, der Jungfrau aus Kitesh – Fewronija.
Krim: Von 1905 bis 1906 lebte die Mutter der Achmatowa mit ihren drei Kindern in Jewpatorija. Später – bis 1916 – verbrachte die Achmatowa dort immer den Sommer.
Tsushima: 1905 besiegten die Japaner das Zweite Russische Pazifische Geschwader, das zur Befreiung von Port Arthur ausgelaufen war, bei der Insel Tsushima. Dies und davor der Blutsonntag, der 9. Januar 1905, an dem die zaristische Regierung eine Demonstration, die mit einer Bittschrift zum Zaren unterwegs war, zusammenschießen

ließ, waren „eine Erschütterung für das ganze Leben, und da es die erste war, war sie besonders schrecklich". Das Tsushima-Motiv kehrt auch im „Poem ohne Held" wieder. – Der Kreuzer „Warjag" und das Kanonenboot „Korejez" unterlagen im Kampf mit den Japanern.
Fort Chabrol: Anspielung auf die Dreyfusaffäre. In einem Haus in der Rue Chabrol versammelten sich die Gegner des französischen Generalstabsoffiziers Alfred Dreyfus (1859–1935), der jüdischer Abstammung war; im Herbst 1899, als Dreyfus begnadigt worden war, widersetzten sie sich in ihrem Hauptquartier, dem „Fort Chabrol", fünfunddreißig Tage lang mit Waffengewalt der Polizei.
Buren: von niederländisch „Bauern", bezeichnen sich selbst als Afrikaander. Nachfahren der in Südafrika eingewanderten niederländischen, deutschen und französischen Kolonisten in den Republiken Oranjefreistaat und Transvaal, die nach dem Burenkrieg (1899–1902) durch Großbritannien annektiert wurden.

M. B. zum Gedenken
Den' poėzii. Leningrad 1966.
Gehörte mit „Innokenti Annenski zum Gedenken" und den drei Gedichten auf Pasternak zum Zyklus „Totenkranz". Michail Bulgakow, dem das Gedicht gewidmet ist, starb am 10. März 1940. Über die Pläne und Lebensumstände seiner letzten Jahre siehe M. Čudakova, Archiv M. A. Bulgakova. In: Gosudarstvennaja ordenom Lenina Biblioteka SSSR im. V. I. Lenina. Zapiski otdela rukopisej. Band 37. Moskau 1976, S. 25–151.

Wenn ein Mensch stirbt
Zvezda 1940, 3–4.

Aus dem Zyklus „Im Jahr vierzig":

Wird eine Epoche beerdigt
Leningrad 1946, 1–2.
Am 22. Juni 1940 kapitulierte Frankreich vor Hitlerdeutschland. Die Selbstauflösung des Parlaments in Vichy am 10. Juli 1940 bezeichnete das Ende der Dritten Republik.

Für die Londoner
Ausgewählte Gedichte. Taschkent 1943.
Im Sommer 1940 verteidigte sich Großbritannien gegen faschistische Luftangriffe. – In einer autorisierten maschinenschriftlichen Sammlung der Gedichte von 1936 bis 1946 trägt es die Überschrift „To the Londoners". Dort und in der Sammlung „Ungerade" (1940–1961) mit dem Motto: „Und es erhob sich ein Streit im Himmel", Offenbarung Johannis 12,7.

Der Schatten
Literaturnaja gazeta vom 29. Oktober 1960. Ohne Motto.
Das Motto ist ein Zitat aus einer Frühfassung von Mandelstams Gedicht „Strohhalm“ (1916). Solominka (Strohhalm) war der Kosename von Salomeja Andronikowa, verheiratete Galpern, einer Freundin von Anna Achmatowa, die vor der Revolution in ihrem Salon Dichter, Maler und Philologen versammelte. – Die Arbeit des Erinnerns in diesem Gedicht kündigt schon das Spiegelprinzip im „Poem ohne Held“ an: von unmittelbaren literarischen Eindrücken und Lebensumständen zurück zum Jahr 1913. R. Timentschik zeigt, wie die Heldin des Gedichts in die Erinnerung gerufen wird durch 1. den Namen einer Flaubert-Figur (Salome im „Hérodias“), 2. ein Arrangement der Realien im Vers, das rhythmisch-syntaktisch und in der Lexik an den Vers „Schlaflosigkeit. Homer. Die Segel“ von Mandelstam erinnert, des Dichters, der der Heldin sein Gedicht „Strohhalm“ widmete. Vgl. Timentschik, K analizu XXV.

Widmung im Gedichtband „Wegerich“
Ausgewählte Gedichte. Taschkent 1943.
Zwanzig Jahre zuvor, Anfang 1921, war Anna Achmatowas vierter Gedichtband „Wegerich“ erschienen.

Leningrad im März 1941
Ausgewählte Gedichte. Taschkent 1943. Ohne Überschrift.
cadran solaire: am Gebäude des ehemaligen Ersten Kadettenkorps auf dem Universitätsufer (Wassiljew-Insel), das an das eigentliche Menschikow-Palais anschließt.

Aus dem Zyklus „Kriegswind“:

Die Vögel des Tods im Zenit
Gedichte 1909–1960. Moskau 1961.

Auf dem Smolenka-Friedhof
Leningradskij al'manach 1945.
Zusammen mit „Vorgeschichte“ (= erste „Nördliche Elegie“), „Meine jungen Hände“ (Wiederherstellung der verlorenen „Fünfzehnjährigen Hände“) und einem Teil aus dem „Poem ohne Held“ in der Almanachpublikation unter der Überschrift „Gang der Zeit“.
Smolenka-Friedhof: auf der Wassiljew-Insel am Smolenka-Flüßchen.
die dononschen Festbankette: Donon: vornehmes Restaurant in Petersburg, Moika 24.
Der Osten: Gemeint ist der Russisch-Japanische Krieg.

viktorianische Zeit: nach der Regierungszeit der englischen Königin Viktoria (1837–1901), in der England seine Blütezeit als Industrie- und Kolonialmacht erlebte.
Djurmen: Vorort von Taschkent, in dem Anna Achmatowa einige Wochen in einem Sanatorium verbrachte.

Drei Herbste
Leningrad 1946, 1–2. Ohne die Verse 1, 2, 22–26.
Taschkent: Im Oktober 1941 wurde Anna Achmatowa über die Zwischenstationen Kasan und Tschistopol nach Taschkent evakuiert, das sie am 9. November erreichte. Bis Mai 1943 lebte sie im Wohnheim der Moskauer Schriftsteller, danach zog sie zu Jelena Bulgakowa, der Witwe des Schriftstellers, in die Shukowski-Straße. Im Mai 1944 flog sie nach Moskau, kurz darauf weiter nach Leningrad.

In Büchern aber hab ich stets die letzte Seite
Znamja 1964, 10. Mit der Überschrift „Ballade".
Korrespondiert mit den epischen Stücken autobiographischen Charakters „Auf dem Smolenka-Friedhof", „Nördliche Elegien" und mit dem Zyklus „Berufsgeheimnisse".

Wenn wie eine Melonenscheibe liegt der Mond
Leningrad 1946, 1–2. Mit der Überschrift „Abendliches Zimmer".

Es sind deine Luchsaugen, Asien
Novyj mir 1965, 1.
Seit 1945 erschienen in den Zeitschriften „Swesda" und „Leningrad" Gedichte, die Anna Achmatowa als „Taschkenter Skizzen", „Aus dem Zyklus ‚Taschkenter Blätter'" oder später „Aus dem Taschkenter Heft" bezeichnete.
Termes: Stadt an der sowjetischen Grenze zu Afghanistan.

Cinque
Leningrad 1946, 3–4. Mit der Überschrift „Fünf Gedichte aus dem Zyklus ‚Liebe'" und mit einem Motto aus Innokenti Annenski „Fünf Rosen, vom Zweig verlobt". Das Baudelaire-Motto aus „Une Martyre".

Du weißt, ich werd nicht besingen
Drama: Gemeint ist das dreiteilige Drama „Enum elisch" (= „Wenn oben ..."; bei Achmatowa: „Dort oben ..."), das Anna Achmatowa 1943/44 in Taschkent schrieb, aber am 11. Juli 1944 im Fontanny dom in Leningrad verbrannte. Der Titel war der einer altbabylonischen Dichtung, einer Theogonie, die Wladimir Schilejko, mit dem Anna Achmatowa von 1918 bis 1921 verheiratet war, übersetzt hatte. Das Drama sollte zugleich „clownesk und visionär" sein.

Nördliche Elegien:
Gang der Zeit. Moskau–Leningrad 1965.
Anna Achmatowa schrieb in einem „Vorwort" zur geplanten „Siebten und Letzten Leningrader Elegie": „Kurz nach Kriegsende schrieb ich zwei lange Gedichte in Blankversen und nannte sie ‚Leningrader Elegien'. Später fügte ich noch zwei Gedichte hinzu (‚Das Rußland Dostojewskis', 1940–1942, und ‚Erschreckend wars, in jenem Haus zu wohnen', 1921) und gab ihnen neue Überschriften – ‚Vorgeschichte' und ‚Erste Leningrader'." In „Gang der Zeit" erschienen nur die ersten vier als „Nördliche Elegien". Bei den beiden „Leningrader Elegien" vom Kriegsende handelt es sich wahrscheinlich um „Wie einen Flußlauf" und „Drei Stadien kennen die Erinnerungen". In der Ausgabe „Gang der Zeit" wurde zu diesen Gedichten von den zwei weiteren nur „Vorgeschichte" gestellt, und zwar als „Erste" sowie als nunmehr „Zweite" „Nun liegst du vor mir". Im Verzeichnis für eine nicht zustande gekommene Sammlung von Gedichten der Jahre 1940 bis 1961 findet sich die Folge: Die erste. Erschreckend wars, in jenem Haus zu wohnen. Wie einen Flußlauf. Drei Stadien kennen die Erinnerungen. – Der Herausgeber der Ausgabe *Gedichte und Poeme. Leningrad 1977* stellte zu der in „Gang der Zeit" gefundenen Folge als fünfte das im Nachlaß gebliebene Gedicht „Und nichts von einer rosenfarbenen Kindheit" und als sechste das Gedicht von 1921 „Erschreckend wars, in jenem Haus zu wohnen".
Das Motto zum Zyklus aus Alexander Puschkins gleichnamigem Gedicht.

Die erste. Vorgeschichte
Leningradskij al'manach. 1945.
In ihren unveröffentlichten Erinnerungen, dem „Tagebuch" (1962), beschreibt Anna Achmatowa das Petersburg ihrer Jugend: „Die erste (untere) Schicht ist für mich das Petersburg der neunziger Jahre, das Petersburg Dostojewskis. Von Kopf bis Fuß steckte es in geschmacklosen Reklamen – Wäsche, Korsetts, Hüte, ohne jedes Grün, kein Gras, keine Blumen, dauernd Trommelwirbel, was ewig an Hinrichtung gemahnte, gutes hauptstädtisches Französisch, grandiose Begräbnisprozessionen und die von Mandelstam beschriebenen ungeheuer hohen Torbögen." Die direkte biographische Verbindung zu Dostojewski führte Anna Achmatowa über den Besuch ihrer Taufpatin bei dem Dichter; mit einer genauen Wiedergabe der Erzählungen darüber wollte sie ihre Anfang der sechziger Jahre begonnene größere Prosa einleiten. Das Motto aus Alexander Puschkins „Das Häuschen in Kolomna".
Gorochowaja: eine Straße „zweiten Ranges" (also kein Prospekt), die im alten Petersburg den Platz der Admiralität mit dem Zarskoje-Selo-Bahnhof verband; heute Dsershinski-Straße.

Snamenje: Platz am Westende des Newski-Prospekts mit dem Moskauer Bahnhof; heute Platz des Aufstands.
Smolny: hier die Gegend des ehemaligen Smolny-Klosters.
Litejny-Prospekt: Verbindungsstraße zwischen Newski-Prospekt und Finnländischem Bahnhof.
Schandgeist der Moderne: Anfang des 20. Jahrhunderts wurde die an das Scheremetjew-Palais (= Fontanny dom) angrenzende Straßenseite des Litejny-Prospekts neu bebaut, wodurch der Ausblick auf die gegenüberliegende Straßenseite mit den einstigen Wohnungen Nikolai Nekrassows (Haus Nr. 36) und Michail Saltykow-Schtschedrins verdeckt wurde.
Staraja Russa: Sol- und Moorbad, ehemalige Kreisstadt im Gouvernement Nowgorod, 270 km südlich von Leningrad. In Staraja Russa siedelte Fjodor Dostojewski seinen Roman „Die Brüder Karamasow" an.
Lauben: In einer „uralten grünen Laube" hört Aljoscha die „Beichte eines heißen Herzens" seines Bruders Dmitri Karamasow. Erster Teil, Drittes Buch, 3–5.
Optina: Optina pustyn („Optas Einöde") in Koselsk, südlich von Kaluga; im 14. Jahrhundert vom Räuberhauptmann Opta gegründetes Kloster, in dem Dostojewski im Juni 1878, als sein jüngster Sohn Aljoscha an Epilepsie gestorben war, gemeinsam mit dem Philosophen Wladimir Solowjow den Starzen Ambrosius besuchte; Ambrosius wurde der Prototyp des Sossima in den „Brüdern Karamasow".
Noch kreist in Baden das Roulette: Gemeint ist Baden-Baden in Deutschland.
Mit seltsam fremdem Namen: Anna Achmatowas Mutter hieß Inna *Erasmowna* Gorenko (geb. Stogowa).
Omsker Sträfling: Fjodor Dostojewski.
Semjonowplatz: Auf dem Hof der Semjonow-Kaserne wurde zum Schein die Erschießung der Teilnehmer an den „Freitagabenden" bei Michail Butaschewitsch-Petraschewski inszeniert, die im sog. Petraschewzen-Prozeß 1849 zunächst zum Tode verurteilt, dann begnadigt und mit unterschiedlich langer Verbannung bestraft worden waren.

Die zweite
Zvezda 1946.
Ihr fünfzehn Jahre – 1923–1938, als Anna Achmatowa mit Nikolai Punin verheiratet war.

Die dritte
Literaturnaja Rossija vom 24. Januar 1964, mit der Überschrift „Aus den Leningrader Elegien" ohne die Verse 14–20.
In Anna Achmatova, Izbrannoe, Moskva 1974 die fünfte Elegie; dort vor den letzten drei Versen folgendes:

Doch manchmal lockt ein Schalk, der Frühlingswind,
Ein Wort, wahllos aus einem Buch gelesen,
Lockt irgendeines flüchtiges Lächeln mich
Jählings hinab ins nie gelebte Leben:
In jenem Jahr wär das und das geschehen,
In diesem aber: reisen, sehen, denken
Und sich erinnern; wie in einen Spiegel
Hineinzugehn in eine neue Liebe,
Ach, mit der dumpfen Ahnung des Verrats
Und einem gestern noch verborgnen Fältchen . . .

Deutsch von Uwe Grüning

Nur eine Stadt: nämlich Petersburg–Petrograd–Leningrad.

Die vierte
Den' poėzii. Moskau 1956.

Und nichts von einer rosenfarbnen Kindheit
Novyj mir 1969, 5.
Proserpina: Demeters Tochter, die von Pluto geraubt wurde, als sie mit den Freundinnen im Frühling auf der Wiese tanzte.

Erschreckend wars, in jenem Haus zu wohnen
Den' poėzii. Moskau 1973.
in jenem Haus: das Haus in Zarskoje Selo, in dem Anna Achmatowa mit ihrem Mann, dem Dichter Nikolai Gumiljow, von 1913 bis 1914 noch lebte, obwohl sie sich schon kurz nach der Geburt ihres Sohnes im Oktober 1912 voneinander getrennt hatten.
Kindes Wiege: Anna Achmatowas Sohn Lew Gumiljow wurde am 1. Oktober 1912 geboren.
jenseits der Spiegel: im Original deutlicheres Zitat von Lewis Carolls „Alice's Adventures in Wonderland".
Nun lebst du dort: Nikolai Gumiljow wurde am 3. August 1921 wegen angeblicher Beteiligung an der monarchistischen „Taganzew-Verschwörung" verhaftet und am 25. August 1921 erschossen.

Berufsgeheimnisse:
Gedichte und Poeme. Leningrad 1977.
Seit etwa 1960 erwog Anna Achmatowa diesen Zyklus von Gedichten über die „Geheimnisse" des Handwerks; es liegen mehrere Varianten für Anzahl und Folge der Gedichte vor, die umfangreichste umfaßt zehn; Dichtung als hohes Handwerk spielte in der „Werkstatt der Dichter" und in der Ästhetik des Akmeismus eine entscheidende Rolle.

Das Gedicht
Aus sechs Büchern. Gedichte. Leningrad 1940 ohne Überschrift.

Was sollen mir der Oden endloses Heer
Zvezda 1940, 3–4.

Die Muse
Literaturnaja gazeta vom 29. Oktober 1960.

Der Dichter
Novyj mir 1960, 1.

Der Leser
Nas sovremennik 1966, 3.

Das letzte Gedicht
Neva 1960, 3.

Epigramm
Literaturnaja gazeta vom 29. Oktober 1960.

Von den Versen
Naš sovremennik 1960, 3 (ohne Widmung).
Wladimir Iwanowitsch Narbut (1888–1938) war in seiner Jugend Mitglied der „Werkstatt der Dichter" und Akmeist, Redakteur der Studentenzeitschrift „Gaudeamus" (1911), die auch Anna Achmatowas Gedichte druckte.

O wie gewürzt der Atem der Nelke
Gedichte. 1909–1960. Moskau 1961 ohne Widmung.
Der Reigen der Eurydiken erinnert möglicherweise an Meyerholds Inszenierung von Glucks Oper „Orpheus" 1911 im Mariinski-Theater.

Vieles bleibt noch
Leningrad 1944, 10–11.

Nicht mit dem drohenden Schicksal
Novyj mir 1960, 1.

Drei Gedichte:

Zeit nun die Kamelschreie zu vergessen
Gedichte. Moskau 1958. Mit der Überschrift „Fragment aus einer freundschaftlichen Widmung".

Das weiße Haus: in Taschkent, wo Anna Achmatowa von Mai 1943 bis Mai 1944 bei der Witwe Michail Bulgakows, Jelena Sergejewna Bulgakowa, wohnte.
Chaussee nach Rogatschow: Verbindungsstraße zwischen Moskau und dem nördlich gelegenen ehem. Kreis Klin, wo sich das Gut der Familie Blok, Schachmatowo, befand. Vgl. Bloks Gedicht „Herbstfreiheit" mit dem Vermerk: Juli 1905. Chaussee nach Rogatschow.

Und suchtest im dunklen Gedächtnis
Literaturnaja gazeta vom 29. Oktober 1960.

Und er hat recht
Gedichte. Moskau 1958. Mit der Überschrift „Alexander Blok zum Gedenken".

Laterne, Apotheke: Aufnahme von Alexander Bloks „Nacht. Laterne. Apotheke."

Aus den „Schwarzen Liedern"
Hier folgen wir der Ausgabe *Anna Achmatova, Izbrannoe, Moskva 1974.*

Heimaterde
Novyj mir 1963, 1.
Motto aus Anna Achmatowas Gedicht „Nein, nicht mit denen bin ich" (Juli 1922).
Achmatowa nimmt in diesem Gedicht Motive auf, die zum erstenmal in „Die Stimme war" anklangen:

Die Stimme war. Und rief mich an
Tröstend: „Komm, wo ich bin.
Verlaß dein taubes Sünden-Land,
Von Rußland geh auf immer.
Ich wasch von deiner Hand das Blut,
Ich nehm von dir die schwarze Scham,
Und aller Kränkung schwere Glut
Deck ich mit einem neuen Namen."

Doch ruhig und gelassener Seele
Verschloß ich mit der Hand mein Ohr,
Daß an die nichtswürdige Rede
Sich nicht der trübe Geist verlor.

Herbst 1917

Deutsch von Rainer Kirsch

Die Ode von Zarskoje Selo
Novyj mir 1963, 1.
Die Familie Gorenko lebte kurz nach 1900 in Zarskoje Selo gleich am Bahnhof im Haus der Kaufmannswitwe J. I. Schuchardina, Schirokajastraße Ecke Besymjannygasse. In den unveröffentlichten autobiographischen Notizen erwähnt Anna Achmatowa den „wackligen ungestrichenen Bretterzaun" in der Besymjannygasse.
Das Motto aus Nikolai Gumiljows Gedicht „Zabludivšijsja tramvaj" (1921), deutsch in „Russische Lyrik. Gedichte aus drei Jahrhunderten", ausgewählt und eingeleitet von J. Etkind. München–Zürich 1981, S. 248 f.
Tjemnik . . . Schuja: Provinzstädte östlich von Moskau.

Die Heckenrose blüht:
Gedichte. 1909–1960. Moskau 1961.
Der Zyklus (in der Ausgabe von 1961 acht Gedichte, in den Entwürfen anderer Ausgaben mit anderem Umfang) umfaßt Gedichte dreier Zeiten: 1946, 1956, Anfang der 60er Jahre. Er reflektiert die Begegnung mit Sir Isaiha Berlin, einem britischen Diplomaten im Jahre 1946. Das Motto aus John Keats' „Isabella or The Pot of Basil", XXXIX.

Statt daß zum Feiertag
Gang der Zeit. Gedichte. Moskau–Leningrad 1965.

Das verbrannte Heft
Znamja 1963, 1.

In Wirklichkeit
Gedichte. Moskau 1958, ohne Überschrift.

Im Traum
Gedichte. Moskau 1958, ohne Überschrift.

Erstes Liedchen
Gedichte. Moskau 1958.

Ein anderes Liedchen
Junost' 1964, 4.
Das Motto eine Variation über Motive des vorhergehenden Gedichts.

Der Traum
Moskva 1959, 7, ohne Überschrift.
Das Motto aus A. Blok „Die Schritte des Komturs". (Deutsch von Elke Erb)

Die Straße dort
Moskva 1959, 7.
Dmitri Donskoj griff die Tataren von Moskau her in südwestlicher Richtung an (Kolomenskojer Chaussee).

Du hast mich ausgedacht
Novyj mir 1960, 1, mit der Überschrift „Erinnerung".

Im zerbrochenen Spiegel
Literatura i žizn' vom 26. Oktober 1962 ohne die Verse 13–16.

Wenn auch noch mancher sich erholt
Gedichte. Moskau 1958.
Das Motto – erster Vers des Gedichts von Innokenti Annenski.

Erschrick nicht
Literatura i žizn' vom 26. Oktober 1962 mit der Überschrift „Dido spricht (Sonett-Epilog)".
Äneas wurde auf der Flucht aus Troja von Dido, der Königin Karthagos, aufgenommen; die Liebe der beiden zerstörte der Auftrag des Äneas, Rom zu gründen – er schiffte sich heimlich nach Italien ein; Dido erstach sich mit Äneas' Schwert auf dem Holzstoß, den sie vorgeblich zur Verbrennung der zurückgelassenen Sachen des Trojaners hatte errichten lassen.

Du verlangst mein Gedicht unumwunden
Junost' 1964, 4, mit der Überschrift „Epilog".

Und werden für die Menschen wird
Gang der Zeit. Gedichte. Moskau–Leningrad 1965.
In Vespasians Regierungszeit (69–79) wurde Jerusalem zerstört.

W. S. Sresnewskaja zum Gedenken
Novyj mir 1965, 1.
Walentina Sergejewna Sresnewskaja war mit Anna Achmatowa seit der Gymnasialzeit eng befreundet. Von Anfang 1917 bis Herbst 1918, als sie von Nikolai Gumiljow geschieden wurde, wohnte sie bei der Familie Sresnewski. Das Datum des Gedichts ist der Todestag der Freundin.

Mitternachtsgedichte:
Den' poezii. Moskau 1964 (ohne das dritte Gedicht und ohne „Statt eines Nachworts").
Das Motto aus „Poem ohne Held", Zweiter Teil, Kehrseite, 8.

Statt einer Widmung
Literaturnaja gazeta vom 5. Oktober 1963.

Vorfrühlingselegie
Literaturnaja gazeta vom 5. Oktober 1963.
Das Motto aus Gerard de Nervals (1808–1855) „El Desdichado".

Die erste Mahnung
Zvezda 1964, 3.

Im Land hinter dem Spiegel
Gang der Zeit. Gedichte. Moskau–Leningrad 1965.
Das Motto aus Horaz, Oden. 3. Buch, 26. Ode.
Land hinter dem Spiegel: Vgl. Anmerkung zu „Poem ohne Held", Erster Teil, Erstes Kapitel.

Dreizehn kleine Zeilen
Literaturnaja gazeta vom 5. Oktober 1963.

Ruf
Den' poezii. Moskau 1964.
Wie aus einem ursprünglich gesetzten Motto hervorgeht, meinte Anna Achmatowa Beethovens „Arioso dolente".

Der nächtliche Besuch
Zvezda 1964, 3.
Das Motto bilden die Anfangszeilen eines unveröffentlichten Gedichts von Anna Achmatowa.

Und das letzte
Literaturnaja gazeta vom 5. Oktober 1963.

Statt eines Nachworts
Gang der Zeit. Gedichte. Moskau–Leningrad 1965.

Poem ohne Held
Der Titel des Poems nimmt möglicherweise den Beginn von Byrons „Don Juan" auf: „I want a hero . . ."
Fontanny dom: Haus mit dem Springbrunnen zwischen dem Fluß Fontanka und dem Litejny-Prospekt, in dem Anna Achmatowa von 1919 bis 1952 mit Unterbrechungen wohnte. Die Springbrunnen befanden sich an den Gartenwegen zum Litejny. Vgl. Fontanny dom Šeremetevych. Muzej byta. Peterburg 1923, S. 17.

Statt eines Vorworts
Das Motto aus Alexander Puschkins „Eugen Onegin" VIII,51.

Widmung
In einigen autorisierten Abschriften mit der ausdrücklichen Widmung für Ws. K., d. i. der Dichter Wsewolod Knjasew. Liebe und Selbstmord des Husarenkornetts (im Poem Dragonerkornetts) Knjasew gehören zu den biographischen Voraussetzungen des Sujets von „Das Jahr neunzehnhundertunddreizehn", in dem sich Pierrot auf der Schwelle zu Colombines Haus erschießt. – R. Timentschik nennt auch andere Selbstmörder unter den jungen Dichtern Rußlands: Viktor Gofman, A. Losino-Losinski, Nadeshda Lwowa, und weist auf die zeitgenössische Aufnahme dieser gewaltsamen Tode etwa bei Chlebnikow hin. Vgl. R. Timentschik, K analizu XXV. – Ob aber (dem Sujet folgend) Knjasews Tod am 29. März 1913 in Riga mit der unerwiderten Liebe zu Olga Afanasjewna Glebowa-Sudejkina zusammenhängt, die als Prototyp hinter Colombine steht und der die zweite Widmung gilt, bleibt fraglich. Anna Achmatowa merkte dazu an: „Die Heldin des Poems (Colombine) ist natürlich kein Porträt von O. A. Sudejkina. Es ist eher ein Porträt der Epoche – das erste Jahrzehnt, die Petersburger Künstlerwelt; da aber O. A. in vollendeter Weise eine Frau ihrer Zeit war, ist sie wahrscheinlich Colombine am nächsten. In der Sprache des Poems gesprochen: es ist ein Schatten, der ein selbständiges Dasein führt und für den nun niemand (selbst der Autor nicht) Verantwortung trägt."
Manuskript: Umstritten bleibt, ob es sich 1940 um Knjasews „Manuskript" (sein Gedichtbuch von 1914?) handeln kann. Roman Timentschik macht darauf aufmerksam, daß die Verbindung Michail Kusmins Gedichtbuch von 1929 „Die Forelle bricht das Eis" sein könnte, das Anna Achmatowa 1940 wiederlas und in dem sich Gedichte für Kusmins Freund Wsewolod Knjasew finden. „Grüner Rauch" der Augen etwa schließt an eine Metapher Kusmins an. Vgl. R. Timentschik, K analizu XXII. Das Bild von den „grünen Augen" weist auch zurück auf ein frühes Poem von Anna Achmatowa „U samogo morja" (1914), deutsch als „Am Seegestade". Die Heldin des Gedichts findet den erwarteten Prinzen nur als Toten.

> . . .
> mein sonngebräunter, lang ersehnter Prinz
> lag still vor mir und blickte auf zum Himmel.
> O diese Augen, grüner als das Meer
> und dunkler noch als unsere Zypressen
> . . .

Dann wäre das „Manuskript" (im Original bestimmter: černovik, also das in Arbeit Befindliche, der Entwurf; das noch nicht ins Reine gebrachte Manuskript) etwa das liegengebliebene, noch nicht zu Ende geführte literarische Unternehmen. – Da das Datum des Gedichts – 27. Dezember 1940 – der zweite Todestag Ossip Mandelstams ist, wäre denkbar, daß auch Mandelstam in dieser Widmung anwesend ist. Anna Achmatowa besaß Gedichte von Mandelstam. Er hatte ihr auch seine Erinnerungen an Nikolai Gumiljow diktiert.

Flocke Schnee: Wichtige Erinnerungen waren mit dem Winter verbunden: Im Februar 1934, bei einem Spaziergang in Moskau, hatte Ossip Mandelstam zu Anna Achmatowa gesagt: „Ich bin zum Sterben bereit", eine Zeile, die dann in das Poem aufgenommen wurde. Im Februar 1936 hatte Anna Achmatowa ihn in Woronesh besucht.

Die dunklen Wimpern des Antinoos: Anna Achmatowa erwähnt in ihren Erinnerungen an Mandelstam seine „Wimpern über die halbe Wange". Und wie Antinoos in den Nil hatte sich Mandelstam während seiner Verbannung in Tscherdyn aus dem Fenster des Krankenhauses gestürzt, weil er fürchtete, man komme ihn verhaften. In einem Anfall von Geistesverwirrung habe er in Tscherdyn Achmatowas Leiche gesucht. Vgl. T. Civjan 1971.

Antinoos: Liebling und Reisegefährte Kaiser Hadrians. Stürzte sich aus Schwermut oder um durch seinen Opfertod das Leben des Kaisers zu verlängern, in den Nil; viele Statuen, Büsten, Gemmen und Münzen zeigen den zum Gott erhobenen Jüngling; gemeint sein könnte die berühmte Büste im Louvre aus der Villa Mondragone. „Der Gegensatz der düsteren, von dichten Brauen beschatteten Schwärmeraugen zu dem vollen Untergesicht und dem sinnlichen Mund, die niedrige, von dichtem lockigen Haar umgebene Stirn, die voll und doch nicht kraftvoll gewölbte Brust, die Vereinigung blühender Schönheit mit träumerisch weichlichem Gemütsleben und einem Mangel an geistiger Reife mußte den Künstler zur Darstellung reizen." Paulys Real-Encyclopädie der classischen Altertumswissenschaften. Bd. 1, Stuttgart 1894, Sp. 2440. Vgl. auch in Anna Achmatowas Porträt „Amedeo Modigliani": „Er hatte den Kopf des Antinoos . . ."

Zweite Widmung

O. S.: Olga Afanasjewna Glebowa-Sudejkina (1885–1945), Schauspielerin, Sängerin, Tänzerin, Frau des Malers S. J. Sudejkin. Die Widmung entstand, als Anna Achmatowa vom Tod ihrer langjährigen Freundin (20. Januar 1945) erfuhr. Die beiden kannten sich seit 1913, und Anna Achmatowa hatte nach ihrer Trennung von Wladimir Schilejko eine Zeitlang (von 1921 bis 1922) bei ihr gewohnt.

Verwirrerin-Psyche: Anspielung auf zwei Rollen von Olga Glebowa-Sudejkina in Juri Beljajews Stücken „Putaniza" und „Psischa", die 1913 an A. Suworins Dramatischem Theater in Petersburg aufgeführt wurden. Die Zusammenziehung weist darauf hin, daß auch hier über das Biographische hinaus ein weiterer Zusammenhang gemeint ist.

Dritte und letzte Widmung
Le jour de rois: eigentlich 6. Januar; bei Anna Achmatowa der 5. Januar, also der Abend vor Drei Könige.
Das Motto ist die Anfangszeile von Wassili Shukowskis Ballade „Swetlana".
Diese Widmung ist für Sir Isaiha Berlin, einen russischsprechenden ehemaligen Rigaer, der im Auftrag der britischen Regierung die UdSSR bereiste. Anna Achmatowas Beziehung zu Berlin war u. a. ein Anlaß für den Beschluß „Über die Zeitschriften ‚Swesda' und ‚Leningrad'" vom 14. August 1946.

Erster Teil: Das Jahr neunzehnhundertunddreizehn. Petersburger Erzählung

Das Motto aus Wolfgang Amadeus Mozarts Oper „Don Giovanni".

Erstes Kapitel
Erstes Motto: die beiden ersten Zeilen der zweiten Strophe des Gedichts „Nach Wind und Frost" (Januar 1914) aus Anna Achmatowas Buch „Rosenkranz".
Zweites Motto: Alexander Puschkin, Eugen Onegin, V,11.
Dappertutto: Wsewolod Meyerholds Theater bestimmte Bau und Figurenensemble des Poems: Im Mittelpunkt der „Petersburger Erzählung", des Maskenballs der Neujahrsnacht auf 1913 steht eine Schauspielerin. Meyerholds Spur ist unverkennbar. Als Doktor Dappertutto taucht er im Poem auf. Unter diesem Hoffmannschen Namen hatte er Arthur Schnitzlers Pantomime „Der Schleier der Pierrette" in seinem kleinen Studio „Haus der Intermedien" aufgeführt, das die Commedia dell'arte wiederbelebte; mit ziemlichem Erfolg – fünfzig Vorstellungen 1910. Schnitzler hatte das traditionelle Sujet – Colombine (hier Pierrette) verrät Pierrot mit Harlekin –, das auch Anna Achmatowa ihrer „Petersburger Erzählung" zugrunde legte, tragisch akzentuiert: Colombine, die Harlekin geheiratet hat, flieht von ihrem Hochzeitsball zu Pierrot, Gift nimmt aber Pierrot nur allein und stirbt; Colombine kehrt auf den Ball zurück, tanzt mit Harlekin Quadrille, hat aber ihren Schleier vergessen, was Harlekins Mißtrauen erregt; er folgt ihr zu Pierrot, entdeckt den Verrat und zwingt die Ungetreue, auch Gift zu nehmen. Auch in „Karneval", in dem Meyerhold selbst den Pierrot tanzte, und in „Harlekin als Hochzeitsbitter" erprobte Doktor Dappertutto seine Vorstellungen von

einem Theater als Spiel und Fest der Sinne, wie es dann in seiner Inszenierung von Molières „Don Juan" auf große Weise verwirklicht wurde. Aus Meyerholds „Don Juan" kamen auch die „kleinen Mohren" in Achmatowas Poem. – Als Doktor Dappertutto gab Meyerhold auch seine Zeitschrift „Die Liebe zu den drei Orangen" (1914 bis 1916) heraus, in der Anna Achmatowa und Alexander Blok ihre aneinander gerichteten Gedichte veröffentlichten.

Jochanaan: Johannes der Täufer. So wurde der Assyrologe Wladimir Schilejko, Anna Achmatowas zweiter Mann, genannt.

Glahn: Knut Hamsuns Leutnant Glahn im Roman „Pan" (1894).

Dorian: Oscar Wildes Dorian Gray in dem Roman „Das Bildnis des Dorian Gray" (1891).

Strumpfbänder Hamlets: William Shakespeare, Hamlet, II,1.

zum Tale Josaphat: angenommener Ort des Jüngsten Gerichts; vgl. Joel 3,17: „Die Heiden werden sich aufmachen und heraufkommen zum Tal Josaphat; denn daselbst will ich sitzen, zu richten alle Heiden um und um."

Wie im Vergangnen: W. Toporow macht für die folgenden vierzehn Verse sowie für weitere Stellen des Poems auf Reminiszenzen aus T. S. Eliots „Burnt Norton" (1935) aufmerksam. Vgl. W. Toporow, K otzvukam 1973.

Gast aus der Zukunft: Sir Isaiha Berlin.

von der Brücke nach links abgebogen: Weg zum Palais Scheremetjew (= Fontanny dom) vom Newski-Prospekt über die Anitschkow-Brücke links das Fontanka-Ufer entlang.

„Gesichtslos und namenlos": Vgl. die gleiche Stelle im Vierten Teil des Poems; W. Toporow nimmt eine Kontamination mehrerer Verse Alexander Bloks an, und zwar möglicherweise als Polemik gegen die symbolistische Poetik Bloks. Vgl. W. Toporow, Bez lica 1970.

Mitternachtshoffmanniade: Zur Verbindung des Poems mit den russischen Petersburg-Dichtungen (Gogol, Dostojewski, Bely) schrieb Anna Achmatowa: „Mein armes Poem, das mit der Beschreibung der Neujahrsfeier und einer fast intimen Maskerade begann – wagte es zu hoffen, wohin man ihm Zutritt gestatten würde [. . .] Es stürzte zurück, irgendwohin ins Dunkel, in die Geschichte (‚Und die Zarin Awdotja verflucht sie: Wüst und leer sei dieser Ort.'), in die Petersburger Geschichte von Peter bis zur Belagerung 1941 bis 1944 oder genauer: in den Petersburg-Mythos (die Petersburger Hoffmanniana)."

Cagliostro: Guiseppe Balzamo (1743–1795). Spitzname Michail Kusmins, der über Cagliostro einen Roman geschrieben hatte.

Lisiska: Valeria Messalina, die Frau des römischen Kaisers Claudius. Vgl. Iuvenal VI,115–132. Eventuell auch über Frank Wedekinds „Tod und Teufel". „Das Bedürfnis nach schrankenloser Befriedigung ihrer Sinnlichkeit trieb sie dazu, in einem Bordell, in einer Kammer, die den Namen einer Lycisca trug, nur durch eine blonde Perücke über ihrem schwarzen Haar vor dem Erkanntwerden geschützt, die zufälligen Kunden zu bedienen." Paulys Realencyclopädie der klassischen Altertumswissenschaften. 2. Reihe. 15. Halbband, Sp. 247, Stuttgart 1955.

Werstpfahl: also: schwarz-weiß gestreift – das traditionelle Faschingskostüm.

Eichen von Mamre: 1. Mose 13,18 im russischen Bibeltext: „... und wohnte im Eichenhain Mamre ..."

Hammurabi: König von Babylon (1792–1750 v. u. Z.).

Lykurg: altgriechischer Gesetzgeber in Sparta (9. Jahrhundert v. u. Z.).

Solon: altgriechischer Gesetzgeber in Athen (6. Jahrhundert v. u. Z.).

vor der Bundeslade wie David: 2. Samuelis 6,13: „Und da sie einhergingen mit der Lade des Herrn sechs Gänge, opferte man einen Ochsen und ein fett Schaf." 6,14: „Und David tanzte mit aller Macht vor dem Herrn her und war begürtet mit einem leinenen Leibrock."

Lied von der hehren Vergeltung: zu Alexander Bloks Poem „Vergeltung".

Reich hinterm Spiegel: zu Lewis Carolls „Alice's Adventures in Wonderland" und „Through the Looking-glass ...".

Zwischen Ofen und Schrank: zu Fjodor Dostojewskis „Dämonen". „... an der dem Fenster gegenübergelegenen Wand rechts von der Tür stand ein Schrank. Rechts von diesem Schrank, in dem Winkel, der von Wand und Schrank gebildet wurde, stand Kirillow."

Auf dem Podest. Intermezzo

aus Sodom die Lote: Vgl. 1. Mose 19.

eine der Nymphen, die Bocksfüße haben: zu der Rolle der „Bocksfüßigen", die Olga Glebowa-Sudejkina im Ballett von Ilja Saz „Tanz der Bocksfüßigen" im Petersburger Theater miniature tanzte.

Der Kopf der Madame de Lamballe: Herzogin Maria Theresa de Lamballe, die Lieblingshofdame von Marie-Antoinette, wurde im September 1792 von der aufgebrachten Pariser Menge getötet; ihr Kopf wurde auf einer Lanze an den Fenstern des Gefängnisses vorbeigetragen, in dem sich die königliche Familie befand; vgl. auch das Gedicht von Maximilian Woloschin „Der Kopf der Madame de Lamballe" (1906).

Zweites Kapitel

Das Motto aus Jewgeni Baratynskis Gedicht „Immer in Purpur und Gold ...".

„Schritte des Komturs": nach Alexander Bloks gleichnamigem Gedicht.

Meyerholds kleine Mohren: In seiner Inszenierung von Molières

„Don Juan“ 1910 im Petersburger Alexandrinski-Theater ließ Wsewolod Meyerhold den Vorhang von kleinen Mohren öffnen und schließen, sie brachten und entfernten auch die Requisiten.
Primadonna: die Ballerina Anna Pawlowa (1881–1931); als höchste ihrer Künste galt ihr Tanz „Der Schwan“ nach der Musik von Charles-Camille Saint-Saëns (1907).
vertraute Stimme: die Fjodor Schaljapins, dessen Gastspiele im Mariinski-Theater zu den bedeutendsten künstlerischen Ereignissen gehörten.
Der Tanz der Kutscher: in Igor Strawinskys Ballett „Petruschka“ (1913).
schwarz-gelbe Banner: Zarenadler auf goldenem Grund, wurde über dem Winterpalast aufgezogen, wenn der Zar anwesend war.
Hölle Tsushima: Vgl. Anmerkung zu „Den Weg aller Welt“.
Er ist dort allein: Gemeint ist Alexander Blok. Im folgenden nimmt Anna Achmatowa Motive aus Bloks Gedichten „Im Restaurant“, „Die Schritte des Komturs“, „Totentänze“ auf.
Auf deinen Wangen die roten Flecken: auf Sudejkins Porträt seiner Frau Olga Afanassjewna.
Gerber aus Pskow: Olga Glebowa-Sudejkina war im ehem. Gouvernement Pskow geboren; ihr Großvater war Leibeigener.

Drittes Kapitel
Die Mottos aus Anna Achmatowas „Gedichten über Petersburg“ (1913), Ossip Mandelstams mit diesen Zeilen beginnendem Gedicht vom 25. November 1920 und aus Michail Losinskis mit dieser Zeile beginnendem Gedicht aus dem Buch „Bergquell“, Petrograd 1916.
letzte Erinnerung an Zarskoje Selo: zu Alexander Puschkins „Erinnerungen an Zarskoje Selo“ (1829).
Silber der Zeit: Silbernes Zeitalter der russischen Poesie nannte man den Beginn des 20. Jahrhunderts im Unterschied zum goldenen Zeitalter der Puschkin-Epoche.
Zarin Awdotja: die verstoßene und ins Kloster (Susdal, Uspenski-Kloster) gezwungene erste Frau Peters I. – Jewdokija Fjodorowna Lopuchina, die die neue Hauptstadt mit den Worten „dieser Platz soll wüst und leer sein“ verfluchte.
schlug eine Trommel: Vgl. Anmerkung zu *Nördliche Elegien – Die erste. Vorgeschichte.*
Cameron-Galerie: an das Jekaterinen-Palais in Zarskoje Selo von dem schottischen Architekten Charles Cameron angebaute, von allen Seiten verglaste Galerie; zwischen ihren ionischen Säulen stehen Bronzekopien antiker Skulpturen; die Galerie war ein häufig dargestelltes Motiv, zum Beispiel bei Ostroumowa-Lebedewa.
so wie du einst froh warst: Gemeint ist Nikolai Nedobrowo (1884 bis 1919), einer der Dichter von Zarskoje Selo. Anna Achmatowa

sagte über ihn: „Ich bin zu drei Vierteln von dir gemacht." Nedobrowo veröffentlichte 1915 den bedeutendsten frühen Aufsatz über Anna Achmatowa.

Viertes und letztes Kapitel

Das Motto aus Wsewolod Knjasew „Und keine Lieder, keine Harmonien . . ." (Gedichte. Petersburg 1914).

Das Haus: In diesem Haus wohnte Olga Glebowa-Sudejkina, später Anna Achmatowa (1924–1926).

„Erlöser auf dem Blut": Auferstehungskirche am heutigen Gribojedow-Kanal an der Stelle des Attentats auf Alexander II.

„strohgelbe Locke": aus Wsewolod Knjasews Gedicht „Wie oft vor ihrem Fenster" (Juni 1911).

Das Klappern unsichtbarer Hufe: das Gespenst des „Ehernen Reiters".

„Weg nach Damaskus": Bekehrung des Saulus. Apostelgeschichte 9,27: „Barnabas aber nahm ihn zu sich und führete ihn zu den Aposteln und erzählte ihnen, wie er auf der Straße den Herrn gesehen und er mit ihm geredet und wie er zu Damaskus den Namen des Herrn frei geprediget hätte." Bei Anna Achmatowa über mehrere zeitgenössische Vermittlungen: Olga Glebowa-Sudejkina habe an einem Mirakelspiel „Der Weg aus Damaskus" im „Streunenden Hund" teilgenommen. In Waleri Brjussows Gedicht „Nach Damaskus" erschien die Liebesekstase als Chance für Erleuchtung. Ähnlich in einem Madrigal von Fjodor Sologub für Olga Glebowa-Sudejkina.

Masurischen Sümpfen: In den Masuren und in den Karpaten fielen 1914 bis 1916 viele russische Soldaten.

Zweiter Teil: Kehrseite

Ich trink der Lethe Wässer: aus Alexander Puschkins „Das Häuschen in Kolomna", 12.

In my beginning is my end: T. S. Eliot: „East Coker" (1940).

REQUIEM: Vgl. Anmerkung zu *Und es fiel ein Wort aus Stein.*

. . . und der Jasmin: Kontamination aus Nikolai Kljujews Gedicht für Anna Achmatowa, das sie als das „beste, was über meine Gedichte gesagt wurde", bezeichnete.

Libretto: zu Alexander Bloks „Schneemaske" für den Komponisten Artur Lurié (1892–1966); Lurié vertonte mehrere Gedichte aus den ersten Büchern der Achmatowa.

Blauer Vogel: Märchenspiel von Maurice Maeterlinck (1862–1949), das seit der Inszenierung des Moskauer Künstlertheaters 1909 in Rußland sehr beliebt war.

Helsingör: Auf der Terrasse des Königspalasts erscheint Hamlet der Geist seines Vaters.

„Wegerich" und „Weißer Vogelschwarm": Anna Achmatowas frühe Gedichtbücher.
dreifachen Boden: In Notizen zum Poem schreibt Anna Achmatowa: „Der Untertext arbeitet mit [!!!] Nichts wird auf den Kopf zu gesagt. Schwierige und tiefe Dinge werden nicht, wie üblich, auf Dutzenden von Seiten ausgeführt, sondern in zwei allen verständlichen Zeilen."
brjullowsche Schulter: Brjullow (1799–1852): russischer Maler der Puschkinzeit.
die Fichten Manfreds: George Byrons „Manfred" (1817).
Shelley: Percy Bysshe Shelley (1792–1822) ertrank im Meer; sein Leichnam wurde von Byron und anderen Freunden am Ufer verbrannt.
Clara Gazul: Name einer erfundenen spanischen Schauspielerin, unter dem Prosper Merimée (1803–1870) seine frühen romantischen Stücke druckte.

Dritter Teil: Epilog

Dieser Ort soll wüst und leer sein: Vgl. Anmerkung zum Ersten Teil, Erstes Kapitel.
Und die Wüsten der Plätze: aus Innokenti Annenskis „Petersburg".
Ich liebe dich, du Schöpfung Peters: aus Alexander Puschkins „Der eherne Reiter".
Für meine Stadt!: ursprünglich in anderer Fassung mit Widmung für Wladimir Georgiewitsch Garschin (1887–1956), Professor an der Akademie für Militärmedizin, ein Freund der Dichterin Ende der dreißiger, Anfang der vierziger Jahre, von dem sie sich aber nach ihrer Rückkehr aus Taschkent trennte.
siebentausend Kilometer: in Taschkent.
Tobruk: 1942 Ort schwerer Kämpfe zwischen faschistischen Truppen und den Alliierten in Nordafrika.
Kama: Anna Achmatowa ging über Tschistopol an der Kama und Kasan nach Taschkent.

BIBLIOGRAPHIE

Bibliographien und Archivbeschreibungen

Driver, S.: Achmatova. A Selected Annotated Bibliography. In: Russian Literature Triquarterly 1971, 1, 432.

Gollerbach, E.: Obraz Achmatovoj. Antologija, Leningrad 1925.

Istorija russkoj literatury konca XIX – načala XX veka. Bibliografičeskij ukazatel'. Pod redakciej K. D. Muratovoj, Moskau–Leningrad 1963, S. 104 f.

Koor, M.: Materialy k bibliografii Anny Andreevnoj Achmatovoj (1911–1917). In: Učenye zapiski Tartuskogo Universiteta. Band 198, Tartu 1967, S. 279–296.

Mandrykina, L.: Nenapisannaja kniga „Listki iz dnevnika". In: Knigi. Archivy. Avtografy, Moskau 1973.

Sergeev, D.: Anna Achmatowa. Bibliography. In: Cahiers du monde Russe et Soviétique 1976, 4.

Struve, G. / Filippov, B.: Bibliografija. In: Anna Achmatova, Sočinenija. Tom vtoroj, Washington 1968, S. 437–595, 606–608.

Tarasenkov, A.: Russkie poėty XX veka 1900–1955. Bibliografija, Moskau 1966, S. 25 f.

Timenčik, R. / Lavrov, A.: Materialy A. A. Achmatovoj v Rukopisnom otdele Puškinskogo doma. In: Institut russkoj literatury. Leningrad. Rukopisny otdel. Ežegodnik na 1974 g. Leningrad 1976, S. 53 bis 82.

Monographien

Bickert, E.: Anna Achmatova. Silence à plusieurs voix. Paris 1970, 126 S.

Dobin, E.: Poėzija Anny Achmatovoj. Leningrad 1968, 252 S. Auch in Dobin, E.: Sjužet i dejstvitel'nost'. Leningrad 1976, S. 5–179.

Driver, S.: Anna Achmatova. New York 1972.

Ejchenbaum, B.: Anna Achmatova. Opyt analiza. Petrograd 1923, 133 S.

Haight, A.: Anna Achmatova. A poetic pilgrimage. New York 1976.

Laffitte, S.: Introduction à Anna Achmatova: Poésies. Paris 1959.

Pavlovskij, A.: Anna Achmatova. Očerk tvorčestva. Leningrad 1966, 191 S.

Rude, J.: Anna Achmatova. Paris 1968, 192 S.

Verheul, K.: The Theme of Time in the Poetry of Anna Achmatova. The Hague–Paris 1971, 236 S.

Vinogradov, V.: O poezii Anny Achmatovoj (Stilističeskie nabroski). Leningrad 1925, 165 S.
Žirmunskij, V.: Tvorčestvo Anny Achmatovoj. Leningrad 1973, 183 S.

Darstellungen und Erinnerungen

Aliger, M.: V poslednij raz. In: Moskva 1974, 12, 149–179.
Annenkov, J.: Dnevnik moich vstreč. Cikl tragedij. Band 1, Washington 1966.
Arvatov, B.: Graždanka Achmatova i tov. Kollontaj. In: Molodaja gvardija 1923, 4–5, 147–151.
Baran, S.: Pis'ma Anny Achmatovoj k N. I. Chardžievu. In: Russian Literature 1974, 7–8, 5–17.
Berlin, I.: Conversations with Russian poets. In: Times Literary Supplement vom 31. Oktober 1980.
Bočarov, A.: Serdcem slitaja s narodom. In: Voprosy literatury 1967, 9.
Brik, L.: Majakovskij i čužie stichi. In: Znamja 1940, 3, 166 f. beziehungsweise Majakovskij v vospominanijach sovremennikov, Moskau 1963, S. 331–333, 338. Deutsch in: Erinnerungen an Majakowski. Hrsg. v. G. Schaumann, Leipzig 1972, S. 83, 92 f., 99.
Civ'jan, T.: Antičnye geroini – zerkala Achmatovoj. In: Russian Literature 1974, 7–8, 103–119.
Civ'jan, T.: Achmatova i muzyka. In: Russian Literature 1975, 10–11, 173–212.
Čukovskaja, L.: Zapiski ob Anne Achmatovoj. Band 1, 1938–1941, Paris 1976.
Čukovskij, K.: Achmatova i Majakovskij. In: Dom Iskusstv, Petrograd 1921, 1, 23–42. Nachdruck in: Oksenov, I.: Sovremennaja russkaja kritika, Leningrad 1925, S. 287–305.
Dobin, E.: Poėzija Anny Achmatovoj (Pervoe desjatiletie). In: Russkaja literatura 1966, 2, 154–174.
Driver, S.: Anna Achmatova: Early Love Poems. In: Russian Literature Triquarterly 1971, 1, 297–325.
Ėrenburg, I.: Portrety russkich poėtov, Berlin 1922. Moskau 1923.
Faryno, J.: Kod Achmatovoj. In: Russian Literature 1974, 7–8, 83 bis 102.
Frank, F.: Beg vremeni. In: Anna Achmatova, Sočinenija. Tom vtoroj, Washington 1968, S. 39–52.
Lo Gatto, E.: Presentazione di Anna Achmatova. A cura di Raissa Naldi, Milano 1962, S. 19–55.
Lo Gatto, E./Maver, A.: Sfumatore e contrasti nella poesia di Anna Achmatova. In: Ricerche Slavistiche 1970, 2, 385–405.
Gerštejn, E.: Aleksandrina. In: Zvezda 1973, 2, 207–215.

Gil, S.: Forsøk på en Kvantitativ Stilundersøkelse av Substantiven i Anna Achmatovas Ordforråd. In: Meddelelser 1974, 4.
Ginzburg, L.: Achmatova. In: Den' poėzii 1977. Moskau 1977, S. 216 f.
Gladkov, A.: Iz poputnych zapisej. In: Voprosy literatury 1976, 9, 168–215.
Gumilev, N.: Pis'ma o russkoj poėzii. Petrograd 1923, S. 188–192, 194.
Haight, A.: Letters from N. Gumilev to Anna Achmatova 1912 bis 1915. In: Slavonic and East European Review 1972, S. 100–106.
Haight, A.: Anna Achmatova and Marina Cvetaeva. In: Slavonic and East European Review 1972, S. 589–593.
Il'jina, N.: Anna Achmatova v poslednye gody ee žizni. In: Oktjabr' 1977, 2, 107–134.
Kollontaj, A.: Pis'ma k trudjaščejsja molodeži. Pis'mo 3-e. O „Drakone" i „Beloj ptize". In: Molodaja gvardija 1923, 2, 162–174.
Kolmogorov, A. / Prochorov, A.: O dol'nike sovremennoj russkoj poėzii (Statističeskaja charakteristika dol'nika Majakovskogo, Bagrickogo i Achmatovoj). In: Voprosy jazykoznanija 1964, 1, 75–94.
Kondratovič, A.: Beg vremeni. Tvardovskij i Achmatova. In: Literaturnaja Rossija vom 13. 1. 1978.
Lelevič, G.: Anna Achmatova. Beglye zametki. In: Na postu 1923, 2–3, 178–202.
Levin, J. / Segal, D. / Timenčik, R.: Russkaja semantičeskaja poėtika kak potencial'naja kul'turnaja paradigma. In: Russian Literature 1974, 7–8, 5–17.
Makovskij, S.: Na Parnase Serebrjanogo veka. München 1962.
Mejlach, M.: Ob imenach Achmatovoj. I. Anna. In: Russian Literature 1975, 10–11, 33–57.
Mejlach, M. / Toporov, V.: Achmatova i Dante. In: International Journal of Slavic Linguistics and Poetics 1972, S. 29–75.
Men'šutin, A. / Sinjavskij, A.: Poėzija pervych let revolucii. Moskau 1964.
Mihailovich, V.: The Critical Reception of Anna Achmatova. In: Papers on Language and Literature 1965, 5, 95–111.
Nedobrovo, N.: Anna Achmatova. In: Russkaja mysl', 1915, 7, II, 50–68.
Ozerov, L.: Tajny remesla. In: Rabota poėta. Moskau 1963, S. 174 bis 197.
Ozerov, L.: Severnye ėlegii. In: Masterstvo i volšebstvo. Moskau 1976, S. 237–270.
Pamjati Anny Achmatovoj, Paris 1974.
Pjanych, M.: O tradicijach A. Bloka v „Sed'moj knige" Anny Achmatovoj. In: XXIV Gercenovskie čtenija. Filologičeskie nauki. Leningrad 1971, S. 99–101.

Proffer, E. (Hg.): Anna Achmatova. Stichi. Perepiska. Vospominanija. Ikonografija. Ann Arbor 1977.
Rajt-Kovaleva, R.: Vstreči s Achmatovoj. In: Literaturnaja Armenija 1966, 10.
Rannit, A.: Anna Achmatova considered in a context of Art nouveau. In: Anna Achmatova, Sočinenija. Tom vtoroj, Washington 1968, S. 5 bis 37.
Superfin, G./Timenčik, R.: Pis'ma Anny Andrejevnoj Achmatovoj k Valeriju Jakovleviču Brjusovu. In: Zapiski otdela rukopisej Gosudarstvennoj ordenom Lenina Biblioteki SSSR im. V. I. Lenina 1972, Band 33, S. 272–279.
Superfin, G./Timenčik, R.: A propos de deux lettres de A. A. Achmatovoj à V. J. Brjusov. In: Cahiers du Monde Russe et Soviétique, 1974, S. 183–200.
Surkov, A.: Anna Achmatova. In: Anna Achmatova, Stichotvorenija. Moskau 1961, S. 294–305.
Taubmann, J.: Cvetaeva and Achmatova: Two Female Voices in a Poetic Quartet. In: Russian Literature Triquarterly 1974, 9, 355 bis 369.
Timenčik, R.: Avtometaopisanie u Achmatovoj. Russian Literature 1975, 10–11, 213–226.
Toporov, V.: K otzvukam zapadnoevropejskoj poėzii u Achmatovoj (T. S. Eliot). In: International Journal of Slavic Linguistics and Poetics 1973, 16, 157–176.
Tynjanov, J.: Promežutok. In: Russkij sovremennik 1924, 4, 209 bis 221. Deutsch in: *Tynjanov, J.*: Der Affe und die Glocke. Erzählungen Drama Essays. Hrsg. v. F. Mierau. Berlin 1975, S. 450 bis 497.
Tvardovskij, A.: Dostoinstvo talanta. In: Novyj mir 1966, 3, 285 bis 288.
Urban, A.: Anna Achmatova. „Mne ni k čemu odičeskie rati ..." In: Poėtičeskij stroj russkoj liriki. Leningrad 1973, S. 254–273.
Verheul, K.: Public Themes in the Poetry of Anna Achmatova. In: Russian Literature 1971, 1, 73–112.
Vinogradov, V.: O simvolike Anny Achmatovoj. In: Literaturnaja mysl' 1922, 1, 91–138.
Vinokur, G.: Novaja literatura po poėtike (obzor). In: LEF 1923, 1, 239–243.
Žirmunskij, V.: Preodolevšie simvolizm. In: Russkaja mysl' 1916, 12 beziehungsweise *Žirmunskij, V.*: Teorija literatury. Poetika. Stilistika. Leningrad 1977, S. 106–133.
Žirmunskij, V.: Anna Achmatova i Aleksandr Blok. In: Russkaja literatura 1970, 3, 37–56.
Zlinina, E.: Puškinskie motivy v carskosel'skich stichach Anny Achmatovoj. In: Puškinskij sbornik. Pskov 1973, S. 129–139.

Civ'jan, T.: Materialy k poėtike Anny Achmatovoj. In: Trudy po znakovym sistemam. III. Tartu 1967, S. 180–208.
Civ'jan, T.: K issledovaniju nekotorych semiotičeskich voprosov „Poemy bez geroja“ Anny Achmatovoj. In: 2-ja letnjaja škola po vtoričnym modelirujuščim sistemam. Tartu 1966, S. 30.
Civ'jan, T.: Zametki k dešifrovke „Poėmy bez geroja“. In: Učenye zapiski Tartuskogo Universiteta 1971, Band 284, S. 255–277.
Filippov, B.: Poėma bez geroja. In: Achmatova, A.: Sočinenija. Tom vtoroj. Washington 1968, S. 53–92.
Dhingra, K.: Anna Achmatova's Poetry of the Later period. In: Journal of the School and Languages, 1976–1977, vol. 4, 2, 1–11.
Dobin, E.: „Poėma bez geroja“ Anny Achmatovoj. In: Voprosy literatury 1966, 9, 63–79.
Eng-Liedmeier, J. van der / Verheul, K.: Tale without a Hero and Twenty-Two Poems by Anna Achmatova. The Hague 1973.
Fainberg, L.: Measure and Complementarity in Achmatova. In: Russian Literature 1977, 4, 303–314.
Haight, A.: Poema bez geroya. In: The Slavonic and East European Review, vol. XLV, 105 (July 1967).
Mierau, F.: Vorabend: 1913 und 1940. Jahrhundertbild und Gattungsevolution in Anna Achmatowas „Poem ohne Held“ (1940 bis 1962). In: Verteidigung der Menschheit. Hrsg. v. E. Kowalski, Berlin 1975, S. 72–85 beziehungsweise in: *Mierau, F.:* Konzepte. Zur Herausgabe sowjetischer Literatur, Leipzig 1979, S. 143–161.
Nag, M.: Über Anna Achmatovas Devjat'sot Trinadcatyj God. In: Scandoslavica 1967, 13, 77–82.
Olonová, E.: Ot tragedii povsednevnosti k tragike bytija. Poėzija Anny Achmatovoj 1941–1945 gg. In: Československá Rusistika 1972, 1, 28–30.
Riccio, C.: Prefazione. In: Anna Achmatova, Poema senza eroe e altre poesie. Torino 1966, S. 5–19.
Szymak-Reiferowa, J.: O interpretującej funkcji kompozycji Poematu bez bohatera Anny Achmatovej. In: Prace historicznoliterackie. Band 35, 1976, S. 183–198.
Timenčik, R.: K analizu „Poėmy bez geroja“ Anny Achmatovoj. In: XXII naučnaja studenčeskaja konferencija. Poėtika. Istorija literatury. Linguistika. Tartu 1967, S. 121–123.
Timenčik, R.: K analizu „Poėmy bez geroja“ Anny Achmatovoj. In: XXV naučnaja studenčeskaja konferencija. Literaturovedenie. Linguistika. Tartu 1970, S. 42–45.
Timenčik, R.: Neskol'ko zamečanij k stat'e T. Civ'jan. In: Učenye zapiski Tartuskogo Universiteta 1971, Band 284, S. 278–280.
Timenčik, R.: „Anagrammy“ u Achmatovoj. In: XXVII naučnaja stu-

denčeskaja konferencija. Literaturovedenie. Linguistika. Tartu 1972, S. 78 f.

Timenčik, R.: K semiotičeskoj interpretacii „Poėmy bez geroja". In: Učenye zapiski Tartuskogo Universiteta 1973, Band 308, S. 438 bis 442.

Timenčik, R.: Achmatova i Puškin. Zametki k teme. In: Učenye zapiski Latvijskogo Gos. Universiteta 1974, Band 215, S. 32–55 = Puškinskij sbornik 2.

Timenčik, R.: Principy citirovanija u Achmatovoj v sopostavlenii s Blokom. In: Tvorčestvo A. A. Bloka i russkaja kul'tura XX veka. Tezisy 1-oj Vsesojuznoj konferencii. Tartu 1975, S. 124–127.

Toporov, V.: Bez lica i nazvanija (K reminiscencii simvolistskogo obraza). In: Tezisy dokladov IV Letnej školy po vtoričnym modelirujuščim sistemam. Tartu 1970, S. 103–109.

QUELLEN- UND RECHTSNACHWEIS

Russischer Text nach: *Anna Achmatova, Stichotvorenija i poėmy. Sostavlenie, podgotovka teksta i primečanija V. M. Žirmunskogo, Leningrad 1977.*

Nachdichtungen von Sarah Kirsch und Rainer Kirsch (außer den untengenannten) aus: Anna Achmatowa, Ein niedagewesener Herbst, Verlag Volk und Welt, Berlin 1967.

Nachdichtungen von Heinz Czechowski und Uwe Grüning sowie *Das letzte Gedicht, Von den Versen* und *Vieles bleibt noch* (Nachdichtung von Rainer Kirsch):

Kurz über mich ist ebenfalls dem Band „Ein niedagewesener Herbst" entnommen. (Dort unter dem Titel „Kurze Autobiographie".)

Amedeo Modigliani und *Erinnerungen an Alexander Blok* wurden übersetzt nach: Anna Achmatova, Izbrannoe, Moskau 1974, S. 479 bis 486 und S. 492–495 (Ergänzungen nach: Anna Achmatova, Stichi i proza, Moskau 1976); *Über eine Zeichnung von Amedeo Modigliani* nach: Den' poėzii, Moskau 1967, S. 52 f.; *Anna Achmatowa* nach: K. I. Čukovskij, Sobranie sočinenij v šesti tomach, Bd. 5, Moskau 1967, S. 725–751.

INHALT

		Nachdichter
Одни глядятся в ласковые взоры ...	6	
Die einen spiegeln sich in einem Blick ...	7	Heinz Czechowski
Поэт ...	8	
Der Dichter ...	9	Heinz Czechowski
Не прислал ли лебедя за мною ...	10	
Warum schickt er keinen Schwan zu mir ..	11	Uwe Grüning
Воронеж ...	12	
Woronesh ...	13	Uwe Grüning
Заклинание ...	14	
Beschwörung ...	15	Heinz Czechowski
От тебя я сердце скрыла ...	16	
Ich verbarg mein Herz vor dir ...	17	Heinz Czechowski
Всё это разгадаешь ты один ...	18	
Enträtseln wirst dies alles du allein ...	19	Uwe Grüning
Годовщину последнюю празднуй ...	20	
Nimm des letzten Jahrestags Feier ...	21	Uwe Grüning
И упало каменное слово ...	22	
Und es fiel ein Wort aus Stein ...	23	Heinz Czechowski
Ива ...	24	
Die Weide ...	25	Rainer Kirsch
Подвал памяти ...	26	
Keller der Erinnerung ...	27	Heinz Czechowski
Клеопатра ...	28	
Kleopatra ...	29	Rainer Kirsch
Маяковский в 1913 году ...	30	
Majakowski im Jahr 1913 ...	31	Rainer Kirsch
Путем всея земли ...	32	
Den Weg aller Welt ...	33	Heinz Czechowski
Памяти М. Б — ва ...	42	
M. B. zum Gedenken ...	43	Heinz Czechowski
Когда человек умирает ...	42	
Wenn ein Mensch stirbt ...	43	Heinz Czechowski
Из цикла «В сороковом году»		
Aus dem Zyklus „Im Jahr vierzig“		
Когда погребают эпоху ...	44	
Wird eine Epoche beerdigt ...	45	Sarah Kirsch

		Nachdichter
Лондонцам	44	
Für die Londoner	45	Sarah Kirsch
Тень	46	
Der Schatten	47	Sarah Kirsch
Надпись на книге «Подорожник»	48	
Widmung im Gedichtband „Wegerich“	49	Uwe Grüning
Ленинград в марте 1941 года	48	
Leningrad im März 1941	49	Heinz Czechowski
Из цикла «Ветер войны»		
Aus dem Zyklus „Kriegswind“		
Птицы смерти в зените стоят	50	
Die Vögel des Tods im Zenit	51	Rainer Kirsch
Мужество	50	
Tapferkeit	51	Rainer Kirsch
А вы, мои друзья последнего призыва!	52	
Und ihr, Freunde vom letzten Aufgebot!	53	Rainer Kirsch
Важно с девочками простились	52	
Lässig Adieu zu den Mädchen	53	Rainer Kirsch
На Смоленском кладбище	54	
Auf dem Smolenka-Friedhof	55	Heinz Czechowski
Три осени	56	
Drei Herbste	57	Uwe Grüning
А в книгах я последнюю страницу	58	
In Büchern aber hab ich stets die letzte Seite	59	Heinz Czechowski
Когда лежит луна ломтем чарджуйской дыни	60	
Wenn wie eine Melonenscheibe liegt der Mond	61	Heinz Czechowski
Это рысьи глаза твои, Азия	62	
Es sind deine Luchsaugen, Asien	63	Heinz Czechowski
Cinque		
Cinque		
Как у облака на краю	64	
Wie am Abhang der Wolke: ich	65	Rainer Kirsch

		Nachdichter
Истлевают звуки в эфире	66	
Fern im Äther verwesen die Töne	67	Rainer Kirsch
Я не любила с давних дней	66	
Nie seit ich mich erinnre	67	Rainer Kirsch
Знаешь сам, что не стану славить	68	
Du weißt, ich werd nicht besingen	69	Rainer Kirsch
Не дышали мы сонными маками .	68	
Wir atmeten nicht vom Schlafmohn	69	Rainer Kirsch
Северные элегии		
Nördliche Elegien		
Первая. Предыстория	70	
Die erste. Vorgeschichte	71	Uwe Grüning
Вторая	74	
Die zweite	75	Uwe Grüning
Третья	76	
Die dritte	77	Uwe Grüning
Четвертая	78	
Die vierte	79	Uwe Grüning
(Дополнения)		
(Ergänzungen)		
(О десятых годах)	80	
(Über das zweite Jahrzehnt)	81	Uwe Grüning
В том доме было очень страшно жить	82	
Erschreckend wars, in jenem Haus zu wohnen	83	Uwe Grüning
Тайны ремесла		
Berufsgeheimnisse		
Творчество	84	
Das Gedicht	85	Rainer Kirsch
Мне ни к чему одические рати ...	84	
Was sollen mir der Oden endloses Heer	85	Rainer Kirsch
Муза	86	
Die Muse	87	Rainer Kirsch
Поэт	86	
Der Dichter	87	Rainer Kirsch
Читатель	88	
Der Leser	89	Rainer Kirsch

		Nachdichter
Последнее стихотворение	90	
Das letzte Gedicht	91	Rainer Kirsch
Эпиграмма	92	
Epigramm	93	Rainer Kirsch
Про стихи	92	
Von den Versen	93	Rainer Kirsch
О, как пряно дыханье гвоздики	92	
O wie gewürzt der Atem der Nelke	93	Rainer Kirsch
Многое еще, наверно, хочет	94	
Vieles bleibt noch	95	Rainer Kirsch
Не стращай меня грозной судьбой	96	
Nicht mit dem drohenden Schicksal	97	Heinz Czechowski
Три стихотворения		
Drei Gedichte		
Пора забыть верблюжий этот гам	98	
Zeit nun die Kamelschreie zu vergessen	99	Sarah Kirsch
И, в памяти черной пошарив, найдешь	98	
Und suchtest im dunklen Gedächtnis	99	Sarah Kirsch
Он прав — опять фонарь, аптека	100	
Und er hat recht	101	Sarah Kirsch
Из «Черных песен»	102	
Aus den „Schwarzen Liedern"	103	Heinz Czechowski
Родная земля	104	
Heimaterde	105	Rainer Kirsch
Царскосельская ода	106	
Die Ode von Zarskoje Selo	107	Heinz Czechowski
Шиповник цветет		
Die Heckenrose blüht		
Вместо праздничного поздравленья	110	
Statt daß zum Feiertag	111	Heinz Czechowski
Сожженная тетрадь	110	
Das verbrannte Heft	111	Heinz Czechowski
Наяву	112	
In Wirklichkeit	113	Heinz Czechowski
Во сне	112	
Im Traum	113	Heinz Czechowski
Первая песенка	114	
Erstes Liedchen	115	Heinz Czechowski

		Nachdichter
Другая песенка	114	
Ein anderes Liedchen	115	Heinz Czechowski
Сон	116	
Der Traum	117	Heinz Czechowski
По той дороге, где Донской	116	
Die Straße dort	117	Heinz Czechowski
Ты выдумал меня	118	
Du hast mich ausgedacht	119	Heinz Czechowski
В разбитом зеркале	118	
Im zerbrochenen Spiegel	119	Heinz Czechowski
Пусть кто-то еще отдыхает на юге	120	
Wenn auch noch mancher sich erholt	121	Heinz Czechowski
Не пугайся, — я еще похожей	122	
Erschrick nicht	123	Heinz Czechowski
Ты стихи мои требуешь прямо	122	
Du verlangst mein Gedicht unumwunden	123	Heinz Czechowski
И это станет для людей	124	
Und werden für die Menschen wird	125	Heinz Czechowski
Памяти В. С. Срезневской	126	
W. S. Sresnewskaja zum Gedenken	127	Heinz Czechowski
Полночные стихи		
Mitternachtsgedichte		
Вместо посвящения	128	
Statt einer Widmung	129	Heinz Czechowski
Предвесенняя элегия	128	
Vorfrühlingselegie	129	Heinz Czechowski
Первое предупреждение	130	
Die erste Mahnung	131	Heinz Czechowski
В зазеркалье	130	
Im Land hinter dem Spiegel	131	Heinz Czechowski
Тринадцать строчек	132	
Dreizehn kleine Zeilen	133	Heinz Czechowski
Зов	132	
Ruf	133	Heinz Czechowski
Ночное посещение	134	
Der nächtliche Besuch	135	Heinz Czechowski
И последнее	134	
Und das letzte	135	Heinz Czechowski

		Nachdichter
Вместо послесловия	136	
Statt eines Nachworts	137	Heinz Czechowski
Поэма без героя	138	
Poem ohne Held	139	Heinz Czechowski
Часть первая. Девятьсот Тринадцатый Год	148	
Erster Teil. Das Jahr Neunzehnhundertunddreizehn	149	
Часть вторая. Решка	178	
Zweiter Teil. Kehrseite	179	
Часть третья. Эпилог	190	
Dritter Teil. Epilog	191	
Дополнения		
Ergänzungen		
(Строфы, не вошедшие в текст «Поэмы без героя»)	202	
(Strophen, die nicht ins „Poem ohne Held“ eingegangen sind)	203	
Петербург в 1913 году	202	
Petersburg im Jahre 1913	203	Heinz Czechowski
К «Поэме без героя»	202	
Zum „Poem ohne Held“	203	Heinz Czechowski
Что бормочешь ты, полночь наша?	202	
Was murmelst du, Mitternacht, unsre?	203	Heinz Czechowski
Отрывок	204	
Fragment	205	Heinz Czechowski
И особенно, если снится	204	
Und vor allem dann in den Träumen	205	Heinz Czechowski
И уже, заглушая друг друга	204	
Und schon senden, sich übertönend	205	Heinz Czechowski
Институтка, кузина, Джульетта!	206	
Institutka, Cousine, Giuletta	207	Heinz Czechowski
Anhang		*Übersetzer*
Anna Achmatowa: Kurz über mich	210	Werner Rode
Anna Achmatowa: Amedeo Modigliani	215	Fritz Mierau
Nikolai Chardshiew: Über eine Zeichnung von Amedeo Modigliani	224	Fritz Mierau

Anna Achmatowa: Erinnerungen an Alexander Blok .... 226 Fritz Mierau
Kornej Tschukowski: Anna Achmatowa .. 230 Eckhard Thiele

Fritz Mierau: Gedächtnisse 259

Anmerkungen 268
Bibliographie 291
Quellen- und Rechtsnachweis 297